图解 **精益制造** *048*

供应链经营入门

サプライチェーン経営入門

［日］藤野直明 著

王蕾 译

人民东方出版传媒
People's Oriental Publishing & Media

東方出版社
The Oriental Press

图书在版编目（CIP）数据

精益制造. 048，供应链经营入门／（日）藤野直明 著；王蕾 译. —北京：
东方出版社，2017.9
ISBN 978-7-5060-8675-2

Ⅰ.①精… Ⅱ.①藤… ②王… Ⅲ.①制造工业—工业企业管理—供应链管理
Ⅳ.①F407.406

中国版本图书馆 CIP 数据核字（2017）第 229976 号

本书中文简体字版权由北京汉和文化传播有限公司代理
中文简体字版专有权属东方出版社
著作权合同登记号　图字：01-2017-5361 号

精益制造 048：供应链经营入门
（JINGYI ZHIZAO 048：GONGYINGLIAN JINGYING RUMEN）

作　　者：[日] 藤野直明
译　　者：王 蕾
责任编辑：崔雁行　高琛倩
出　　版：东方出版社
发　　行：人民东方出版传媒有限公司
地　　址：北京市东城区东四十条 113 号
邮　　编：100007
印　　刷：北京京都六环印刷厂
版　　次：2017 年 11 月第 1 版
印　　次：2017 年 11 月第 1 次印刷
开　　本：880 毫米×1230 毫米　1/32
印　　张：4.875
字　　数：85 千字
书　　号：ISBN 978-7-5060-8675-2
定　　价：42.00 元
发行电话：(010) 85924663　85924644　85924641

前　言

经营管理环境的变化与 SCM

日本企业的经营环境在 20 世纪 90 年代后期发生了翻天覆地的变化。此前的出口主导型经济复苏模式日渐式微，另外，由于泡沫经济崩溃、金融大爆炸、国际会计标准的导入等影响，依靠土地本位制、间接金融的隐性资产管理无法再发挥作用。日本企业的经营环境在极短的时间内完成了结构重组，朝着"现金流量管理"这一大方向转变。

在此背景之下，将调度、生产、销售、物流等各个业务流程结合为"供应之链"，并进行管理的"Supply Chain Management（SCM）"应运而生。SCM 的目标是面对市场的不确定性，迅速应对市场变化，解决"错过销售时机""不良库存"等问题，提高现金流量管理。

SCM 将从根本上改变经营管理体系

其实，随着对 SCM 研究的深入，笔者愈发认识到 SCM 不仅仅是一种生产管理方式，更是一种蕴含了组织管理手段、业绩评估方法、交易结构、外包服务等近代企业经营管理体系的设计理念，甚至能够体现企业组织形式本身，是一种本质上的革新。

此外，作为实现 SCM 的技术基础，IT（信息技术）的进步日新月异。在此之前，信息化悖论认为信息技术的进步并不能转化为现实的经济利益，其原因之一在于虽然导入了信息技术，但经营管理体系的设计理念依然落后。只有对经营管理体系进行再设计，信息技术的革新才能获得丰厚的"果实"。

然而，SCM 的概念在日本并未得到有效的普及，书店里陈列的大多是普通人难以理解的解说读本，或是仅从某一特定角度进行阐释、容易引起误解的读物，最终沦为系统供应商的宣传噱头。长此以往，SCM 在日本恐怕仅能停留在"流行语"阶段。和 BPR、CALS、ERP、平衡记分卡等一样，SCM 尽管属于有价值的先进理念，却无法真正根植于企业经营管理的革新。

据悉，诞生于日本制造业生产现场的"Just In Time（JIT）"概念是引发 SCM 革命的契机之一。JIT 概念可谓是日本制造业具有划时代意义的生产诀窍，美国对此进行研究，在此基础上运用系统工程分析，以最先进的 IT 为武器，将对象范围从生产现场延伸至产业整体的供应连锁管理体系，并加以重组。

　　SCM 研究虽然历时已久，但即使是在美国，真正意义上的研究也才刚刚起步，不过是在这两年发表了大量的相关论文。经营管理体系尚未确立，导入技术革新的成果不断向前发展才是今后的主题。如此看来，JIT 的成功是从产业革命后的大量生产、大量消费模式中脱离的一次萌发。

使 SCM 的本质变得简单易读

　　本书将对何为 SCM，SCM 的必要性、背景等知识进行简单明了的入门解读。除理念外，还将具体介绍基于实践的 SCM 策略。

　　另外，本书还就信息技术的革新进行了梳理，读者即使不具备专业的背景知识也能轻松把握其本质。近来，经营管理者通常面临"尽管希望掌握重要内容，但系统部门的说明却令人费解"之类的难题，而他们的理解和掌握对于实现 SCM 而言是不可或缺的。希望本书能有幸成为切实把握 SCM 的第一步。

　　本书以野村综合研究所的知识管理决策部门、研究咨询部门、国际总部等多个部门的顾问、系统工程师、客户公司的主管等诸多专业人士的探讨和意见为基础，笔者在研究 SCM 的过程中，东京大学的广松毅、竹内启、儿玉文雄等教授，斯坦福大学的哈尔·李、S. 王等教授，东京工业大学的圆川隆夫教授，早稻田大学的中根甚一郎教授，卡特·西蒙·安吉斯公司的巴里摩尔、林斯普拉、若林学等专家，经营信息学会"流通与 IT"分会的伊藤由纪美，及其他诸多专家、学者不吝赐教，提出许多宝贵的意见和建议，笔者在此表示由衷的感谢。

藤野直明

目　录

一　供应链管理的概念

● 供应链是指将顾客、零售、批发、制造业、零件或材料供应商等链接为一体的供应活动网链结构。

● 供应链管理（SCM）旨在利用供应链整体，迅速地适应剧烈的市场变化，实现动态优化。

● 大量生产、大量消费的时代走向终结，大环境朝着信息技术的发展、现金流量管理的方向转变，这是 SCM 成为热门话题的背景。

● SCM 能够迅速适应市场的不确定性，其具体活动可以理解为适应机体的外部环境变化。

```
┌─────────────────────┐   ┌─────────────┐   ┌─────────────────┐
│  大量生产、大量消费的  │   │  信息技术的   │   │  向现金流量管理转变  │
│     时代已终结       │   │    发展     │   │                 │
└─────────────────────┘   └─────────────┘   └─────────────────┘
```

```
┌───────────────────────────┐
│           SCM             │
│            ‖              │
│      迅速适应市场的变化      │
└───────────────────────────┘
```

```
┌───────────────────────────────────────┐
│              7种活动                    │
│  ①精确把握市场动向                       │
│  ②对市场动向、供应活动进展情况进行传递      │
│  ③短周期、短时间内进行计划调整            │
│  ④对不断调整的计划下达执行指令            │
│  ⑤切实执行调整中的计划                   │
│  ⑥适应市场变化的灵活结构                 │
│  ⑦需求预测手段的开发                     │
└───────────────────────────────────────┘
```

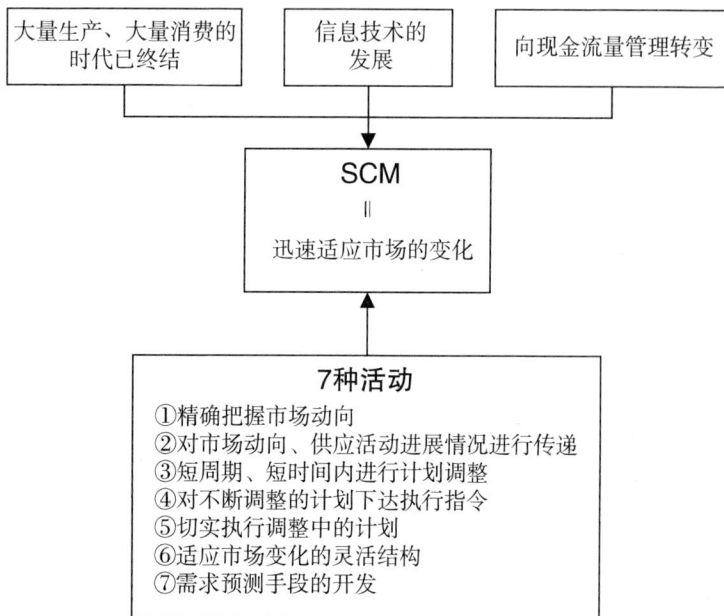

I　供应链管理的概念

1 供应链管理的定义

(1) 备受瞩目的 SCM

"消除不良库存""随时把握消费动向，实现极速经营模式"——戴尔电脑在电脑市场上获得了巨大成功，以此为契机，"供应链管理（SCM）"的方式逐渐受到人们的关注。

服装制造商 WORLD 通过创立"OZOC"这一品牌，实现了 SCM，当同行企业深陷业绩低谷时，WORLD 的销售额在1997 年增长了 76%。OZOC 是以 20 岁左右的年轻人为目标客户群的女性服饰品牌，年销售额超过 200 亿日元，是服饰品牌中的"收益巨头"。该品牌的特点在于，将分散在从制造到零售各个环节的所有风险集于一身。从产品制造到销售原本需要1 年以上的时间，通过这种方式成功缩减至 2 周左右，将错失销售时机和不良库存的风险同时降至最低。

这类成功案例可谓不胜枚举，在报纸、杂志上随处可见。但是，随着信息技术的革新、经营管理手段的创新，"片假名①用语""英文缩略语"大量涌现，不熟悉这些专业用语的人往往不明其意。另外，各种各样的解说也使这些用语的定义变得模糊不清。SCM 正是其中之一。

（2）何谓 SCM

本书将"供应链（Supply Chain）"简单地定义如下：从材料调度到最终送入消费者手中的各个业务流程，即材料或产品的调度、生产、销售、物流等，连接为一个巨大的"供应之链（Chain）"，也就是指"将顾客—零售—批发—制造业—零件或材料供应商等链接为一体的供应活动网链结构"。SCM 则是指对供应链上的所有业务流程进行管理的经营模式。

SCM 旨在利用供应链整体，迅速地适应剧烈的市场变化，实现动态优化。也就是说，对于一直以来停留在按部门、企业层面进行优化的信息、物流、现金等相关业务流程，从供应链整体的角度重新进行审视，通过信息共享和业务流程的根本性改革，最大限度地提高供应链整体的现金流量，是一种全新的经营管理系统的设计理念。

---

① 片假名：日语表音符号的一种，多用来表示外来语。

P. 德鲁克（Peter F. Drucker）所著的《二十一世纪的管理挑战》[日文译名为《支配明天的因素》,（钻石社出版）] 一书中，论述了经济连锁整体的成本管理的重要性。而对"经济流程整体的成本"进行管理的正是 SCM。

(3) 经营管理的对象为"3 种流程"

这里首先需要考虑的是信息流（Information flow）。与信息流密切相关的是交易流（Transaction flow）。交易类型又分为现货交易和期货交易两种。"顾客刚刚购买了这种商品"，这一信息属于当前阶段的现货交易，而"3 个小时之后能够出售哪种商品"，则属于需求预测信息。信息流除了现货交易信息之外，还涵盖期货交易信息，整体进行共享。

其次需要考虑的是物料周转（Material flow），即所谓的物流（Logistics）。物流与信息流相互配合，掌握可能畅销的商品信息后，迅速配送到位，交易才能成立。

最后需要考虑的是资金流（Financial flow）。日本的企业之间存在票据交易这一特殊习惯，不过近年来现金（Cash）开始逐渐受到人们的重视。关于这一点，本书在第二章第 3 节的第 2 点中有详细论述。

这一系列流程中，如何对"信息流、物流、资金流"进行经营管理正是 SCM 的主题（图 1-1）。

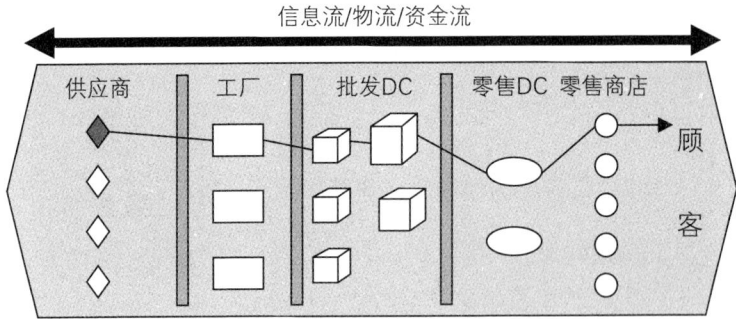

信息流/物流/资金流

供应商　工厂　批发DC　零售DC 零售商店

顾客

跨越部门、营业点、国境的信息流/物流/资金流管理
DC：配送中心（Distribution Center）

图 1-1　供应链管理的概念图

为了实现这一主题，就必须在信息系统、产品设计、业绩管理手段、战略外包、企业间的合作、交易结构再设计等各类管理主题上精益求精。因此，需要实施 SCM 的部门也绝不仅仅是经营管理部，更涉及市场、销售、物流、调度、计划、产品策划、财务、信息系统等诸多部门，必须在全公司范围内切实执行。甚至还需要突破企业的壁垒，重新设计与顾客、供应商等主体之间的关系。

（4）迄今为止的关键词与 SCM

从 20 世纪 80 年代后期开始，SIS（战略信息系统）、重组

（Re-engineering）、QR（Quick Response）、CALS① 等多种经营过程管理的关键词被陆续引入日本。那么，SCM 与这些关键词的区别又体现在何处呢？笔者认为，这些关键词的最终目的在于实现 SCM。

例如，业务流程重组（BPR：Business Process Re-engineering）一词虽然成功地让人们认识到经营中流程管理变革的重要性，但由于没有设定明确的对象范围，最终目的意识也十分淡薄，风靡一时之后便归于沉寂。

换言之，对 BPR 的解释莫衷一是，导致出现了"经营活动的 BPR""物流的 BPR"等以各个部门的优化为目标的理解。关于其存在的弊端，本书在第二章第 3 节的第 1 点中有详细论述，BPR 的目标应当定位在供应链整体的优化上。

总之，通过 SCM 这一概念，迄今为止的关键词的最终目的得以明确。

2　备受追捧的敏捷管理

市场的变化越来越快，产品在供应链的各个环节之间流动

---

① CALS：Commerce at Light Speed，即光速商务。

时，市场环境就已经发生了变化。在这一背景之下，"速度经营"一词开始盛行，而笔者对此抱有不同的看法。

速度经营的关键在于"尽快达成特定的目标"，但仅此是远远不够的。市场，即目标本身是在不断变化的，必须以此为前提来构筑供应链体系。这一思维方式的改变正是 SCM 应起到的作用。

要做到这一点，就必须改变经营管理的方向，从传统的"销售额、利益的最大化""降低成本"等部分优化思维向供应链的整体优化思维转变。假设某企业在某个合适的时间点，针对市场环境将本企业的资源进行了优化配置。但是，由于市场本身在不断发生变化，之前的优化配置有可能在下一个瞬间就造成巨大的浪费。优化这一概念本身也在不断更新，这就要求企业必须着眼于"动态整体优化"。

换言之，若将生产体系固定在某一阶段，在当时或许是最佳选择，但随着环境的变化，原本的优化配置也有可能成为劣势。这使企业必须时刻关注市场环境，配合市场动向，动态地进行生产资源的优化配置，这就是敏捷管理思维。

3　SCM 成为热门话题的原因

SCM 概念本身与传统的"生产销售一体化"等说法不谋而合，在某种意义上是一个既古且新的主题。在日本，丰田汽车公司创造了以"看板管理方式"为代表，在生产部门执行的准时制生产方式（Just In Time），这正是典型的 SCM 概念。关于经营环境的变化与 SCM 的关系将在第二章进行详细阐述，这里主要对 SCM 被称为当下热门话题的原因进行说明。

(1)"不良库存"与"错失销售时机"的问题

在大量生产、大量消费的思考方式下，经营管理的重点往往放在如何在降低价格的同时，生产出高品质的商品等方面。生产出的商品必然能卖得掉，不需要过度关注市场动向。然而，在这个通货紧缩的时代，制造出的商品很有可能滞销，沉睡在仓库里的不良库存如同大山一般，不断给企业的经营管理施压。

即便是畅销商品，若不能及时供应，也会错过销售时机。因此，企业所追求的是同时达到以下两个目标："最大限度地削减供应链上的库存，面对剧烈的市场变化，将发生不良库存的风险降至最低"和"在极短的前置时间内供应各种商品，牢牢把握销售时机"。

这两个目标完全相悖，而 SCM 可谓是解决这一矛盾的最佳手段，因此备受关注。

（2）信息技术的发展

信息技术的发展也是 SCM 成为热门话题的原因之一。在过去，即使有心尝试 SCM 模式，从处理能力和费用等经济方面来看，也很难实现。随着信息技术的飞速发展，十年前遥不可及的目标已具备实现的条件。

关于这一点，本书将在第四章进行详细阐述。从成本效益来看，企业在实际应用时需要导入的技术条件在过去还不完备，今天则发生了巨大的变化，即使从经济性上考虑也是极具吸引力的投资。

（3）向现金流量管理转变

特别是对日本企业而言，曾经以不断上涨的经济增长形势为前提，通过土地本位制、间接金融来进行业务拓展的战略模式已经基本坍塌。再加上泡沫经济的崩溃、金融大爆炸、接轨国际标准的会计制度改革等冲击，企业开始认识到股东的价值，寻求向现金流量管理转变。

SCM 作为一种能够在具体业务层面实现现金流量管理的有效思维模式而备受关注。

4　迅速适应市场变化的 7 种活动

（1）敏捷管理与 SCM

SCM 所要解决的课题归根结底在于适应市场需求的不确定性。

当然，要适应市场需求的不确定性，首先必须提高需求预测的精确度（本书将在第四章具体举例说明）。

另外，需求预测的内容必须与最终消费者的需求保持一致，因此还需对各类市场营销及促销活动进行整合。以零售商店销售的商品为例，店内商品的展示和推广促销等活动均需以市场需求预测为基础来制订销售计划，并维持促销活动与销售计划的一致性。

诚然，市场需求预测精度的提升存在一定的限度。因此，还需要准确把握需求预测与实际需求之间的差距，尽量在极短的周期内迅速对供应链整体的计划进行调整，以解决市场需求变动与实际操作之间的时滞这一大课题（图 1-2）。

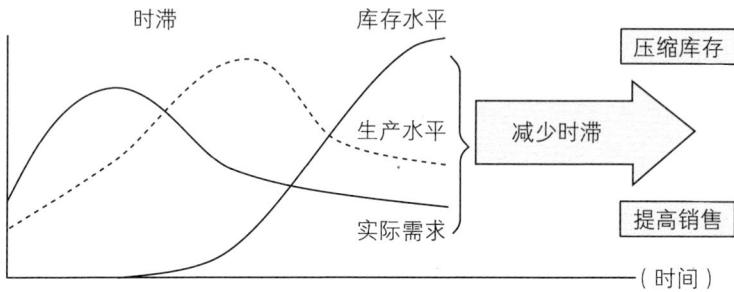

出处：野村综合研究所根据 i2Technology 公司的资料绘制

图 1-2　市场需求变动与实际操作之间的时滞

SCM 是集多种业务流程变革为一体的综合体系。在不同的行业类别中 SCM 所呈现的形态也各不相同。不过，其核心在于将供应链整体作为一个有机组织体进行把握，以基于全局（Holistic）观点的"敏捷模式（Agility Paradigm）"为主旨。

敏捷管理这一关键词的含义动辄被误解为"高层管理决策十分迅速"。而事实上，需要敏捷反应的不仅仅是高层决策（大脑），供应链（躯干）整体也必须迅速做出反应。本书将用大脑和躯干的活体关系来比喻供应链的形象，方便读者更好地理解在实现迅速适应市场变化过程中供应链的具体功能。

活体以敏锐的感觉感知环境的变化，感知到的环境变化信息通过交感神经系统传递给小脑，小脑在一瞬间进行信息处理，继而通过运动神经传递至必要部位，最后由肌肉来执行运动指令，这便是活体对外部环境迅速做出应对的过程。

再者，除上述信息处理系统的循环外，活体还需要预先对身体进行塑造，轻盈的身形使动作更加敏捷，这一点的重要性无须赘言。通过锐化感知、提升对环境变化的预测能力，能够进一步提高灵敏性。若要迅速地适应环境变化，这几项活动缺一不可，否则很难达到预期的效果。只有各项活动有机结合，才能发挥活体特有的功能，供应链的敏捷应对能力也与此同理。

（2）其一　精确把握市场动向＝感知系统

需要把握的信息包括市场的动向和供应链的实际情况。首先，精确把握市场动向是基本。具体来说，消费品生产商需要准确、及时地把握市场（实际需求）的状况，资本货物生产商（零构件等）需要共享企业客户的生产计划及其变化等信息，保证不出现时间上的滞后，这是感知市场动向的关键。

其次，需要及时掌握供应方的供应链（生产、物流）进展情况。具体来说，不仅要掌握企业内部工厂或物流中心的库存状况，还要把握在企业之间进行配送的商品状况，不断地对供应链上的生产、物流信息进行追踪。

（3）其二　对市场动向、供应活动进展情况进行传递＝交感神经系统

一方面，需要跨越部门局限，在销售—配送—生产—调度各个环节对企业内部的信息及时进行共享。另一方面，进一步突破企业壁障，在供应链层面预先抓住实际需求信息也可谓举足轻重。

在企业层面、供应链层面对感知系统所掌握的信息进行信息共享的信息传递业务同样至关重要。信息从供应链下游向上游企业逐步传递时容易发生"信息失真"现象（详见本书第三章第1节的第3点），为避免这种现象的发生，关键在于向上游环节传递需求变动信息时，确保信息无偏差，时间延迟小，传递频度高。

（4）其三　短周期、短时间内进行计划调整＝利用小脑进行瞬间信息处理

重点在于尽快应对需求预测与实际需求之间的偏差，在短时间内对所有的供应计划（销售计划、生产计划、调度计划）同时进行调整，使供应链整体适应市场变化，持续维持供应链的最佳状态。

（5）其四 对不断调整的计划下达执行指令＝运动神经系统

对企业层面而言，将频繁进行调整的计划切实下达至生产现场至关重要。另外，还需要在整个供应链层面，通过及时向供应商传递最新的市场信息，来提高供应商的应对能力。

（6）其五 切实执行调整中的计划＝切实执行运动指令的肌肉

遵从下达至生产现场的作业指令，切实进行作业这一点同样不可或缺。这也是日本制造业最为擅长的领域。日本的现场作业依托于高端的人件（Humanware）基础，十分灵活。

（7）其六 适应市场变化的柔韧结构＝能够灵敏活动的柔韧身体

具体而言，产出时间（Throughput Time：配置的材料从销售到转变为现金的时间）的最小化尤为重要。其原因主要包括以下两点。

第一，通过最大限度地减少从采购到市场供应链上的库存，能够极大地降低预测与实际需求之间的偏差所导致的不良库存的发生概率。第二，一般来说，由于短期预测比长期预测的精确度更高、缩短产出时间能够加快市场投入的周期，提升需求预测精度。

此外，本书还将列举以下4种缩短产出时间的方法。

①以供应连锁活动的同步为基础的计划制订

以TOC（瓶颈理论，详见本书第二章第3节第3点）为基础的计划制订，或JIT（Just In Time手段，供应活动的同步，详见本书第二章第1节第3点）等概念，在削减半成品库存，缩短产出时间等方面具有重要意义。

②延迟策略（Postponement）

延迟策略通过尽量后延产品多样化的差异点，最大限度地消除市场不确定性对供应系统的不良影响，力图构筑一条能够顺应市场动向变化的供应链体系。关于这一点，贝纳通和惠普（HP）的案例十分有名。

贝纳通公司在产品生产中采用了"后染"技术。一般的生产流程采用"先染"手法，即先将纱线染色后再编织成布，贝纳通公司反其道而行，将先染改为后染。

最终，当市场流行色发生巨大变化时，贝纳通公司做到了在压低库存的同时满足市场需求。从供应链的角度来审视这一生产流程的话，可以说贝纳通公司通过延迟产品多样化的差异点，在市场发生变动时成功确保了供应链的稳定性。

顺便提一下，日本也曾尝试后染技术，但因着色程度不够而未获得服饰类采购者的青睐，是否从供应链整体的角度对后染技术进行了绩效评价就不得而知了。

另外，HP 的打印机业务也是经典案例之一。HP 刚开始向欧洲出口 PC 打印机时，在德国设置了配置中心，结果出现了大量库存和大量缺货同时发生的问题。惠普公司通过分析发现，出现这一问题的原因主要在于法国、英国、德国、意大利等国家的市场动向各不相同。

HP 的 PC 打印机则是从一开始就按照法国、英国、德国、意大利等国的标准划分为不同的规格，按德国标准制造的产品在德国售罄的同时，符合法国标准的产品可能出现积压，但是由于产品规格不同，法国的产品却无法向德国销售。

那么，究竟是哪一部分的规格不相同呢？惠普公司仔细研究发现，各国标准的打印机仅在电源部分有所区别。电源不同的问题可以通过将电源作为选件进行配置的方式来解决。不过，惠普的设计师们认为，电源的产品品质会直接影响到产品质量，若将电源作为最后的选件来配置，产品最终的耐用程度、品质本身都会受到影响，因此极力反对。

一向以信息通畅著称的 HP 也在业务调整上耗费了 8 个多月的时间。最终，公司高层下达了将电源作为选件的同时，增强产品耐用性的指令。这一决策使 HP 在降低产品短缺率和抑制库存上获得成功。抛开产品耐用性和可信度不谈，从 SCM 的观点出发更改产品设计的决策可谓具有划时代的意义。

③供应（生产、物流）批量的减少

一般来说，如果缩小供应批量，生产前置时间也随之缩短。另外，根据市场需求的变化，能够减少的半成品库存量的自由度也会有所提升。为了达成这一目标，就必须构筑灵活的准备作业切换机制（前期准备的机制建立等），将准备作业切换对生产效率造成的影响（设备产能利用率的下降等）降至最低，探索减少供应批量的方法。

在丰田的生产现场，准备作业切换的时间原本需要数十分钟至数小时。丰田以 10 分钟之内完成准备作业切换为目标，力图将准备时间降低至个位数。有效利用这些方法应该能取得不错的效果。

④产品种类的精简

毫无意义的产品多样化会直接导致库存量的增加，也是产品产出时间延长的要因。因此，在不牺牲现金流量或市场竞争力的范围内，有必要重新考虑 SKU（Stock Keeping Unit，最小库存单位）策略，精简产品种类。

(8)　其七　需求预测方法的开创=凭借经验预测环境变化

长期的需求预测虽然不简单，但如果上述 6 项活动能够获得成功，尤其是能够缩短产出时间的话，提高短期预测准确度的效果应该会很明显。因此，短期需求预测方法的开创同样不可或缺，基于需求结构分析的方法开创将是一个持续性的挑战。

例如，消费类产品的需求预测方法的构筑必须以过去的销售业绩分析为基础，兼顾多样化商品属性所呈现的不同的销售特征，并将促销或 CM 的效果考虑在内。流行时尚类商品的需求预测方法的开创则需要详细分析实际需求情况，准确把握流行趋势、素材、颜色、设计特征等因素的变化，并将其迅速反映到下一季的产品策划中。

(9)　企业间的合作活动是重中之重

用活体关系来进行类比的话，供应链相当于躯干整体（Holistic）。不同的企业活动拥有自身独立的决策机构，通过市场变化信息的共享等手段，使供应链整体形成一个虚拟的组织集合进行运作，并将面对市场变动时能够进行最适合的反应作为敏捷管理的目标。

因此，把协同合作（Collaboration）策略提升至一个前所未有的高度将是重中之重。其关键在于将供应商和顾客均视为合作伙伴的思维。相反，企业也要思考自身是否拥有成为合作伙伴的资质，树立竞争意识。

与合作活动思维相关的具体内容，本书将在第三章进行详细说明。

二 经营管理环境的变化与 SCM

● 影响制造业、流通业的环境变化主要包括市场变化加快、日式经营管理优势的丧失、人件（人力）管理已经到达极限等方面。

● 过去的大批量生产系统思维引起了错失销售时机、不良库存增加、间接部门的结构成本高等诸多问题。

● 为了适应时代的不确定性，目标设置须超越部门局限、重视现金流量、向有效产出会计转化等模式转变成为必然。

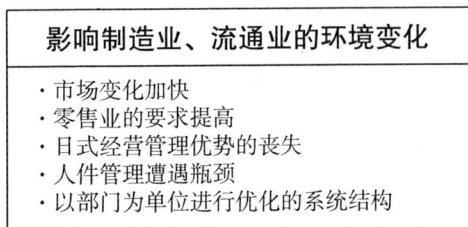

影响制造业、流通业的环境变化

· 市场变化加快
· 零售业的要求提高
· 日式经营管理优势的丧失
· 人件管理遭遇瓶颈
· 以部门为单位进行优化的系统结构

‖

大批量生产系统的缺陷

· 错失销售时机
· 增加不良库存
· 间接部门的结构成本高

↓

不确定性的加剧

· 目标设置超越部门局限
· 向现金流量管理转变
· TOC与有效产出会计
· 隐性资产管理的终结

↓

SCM作为经营管理体系的设计理念，意义非常

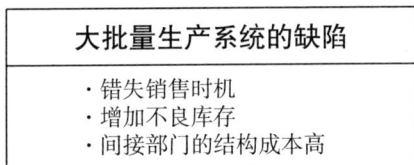

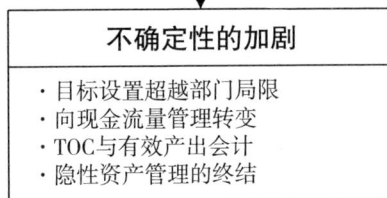

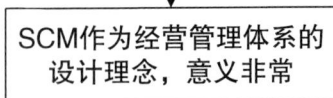

Ⅱ　经营管理环境的变化与SCM

1　影响制造业、流通业的环境变化

第一章已经提到，令 SCM 备受瞩目的背景原因之一是，经营管理环境的结构发生了巨大变化，而过去的经营管理体系无法适应。本章首先将对经营管理环境的具体变化进行梳理。

（1）市场变化加快——流向大规模定制（Mass Customization）

计算机产业的产品生命周期和交货时间异常苛刻，与其他产业截然不同。以 A 公司为例，新产品以难以预期的速度投入生产后，A 公司某种产品的价格在短短半年内降至原来的 1/5。并且，确认收到订单后，截至向计算机组装厂商交货的前置时间仅为 2 周。生产的产出时间（从零件配置到产品交货所需的时间）受全球生产供应体制的影响，虽然耗费半年之久，但直到产出两周前才能确定元件的配置数量。

如此一来，造成像 A 公司这样的电子元件厂商不得不积压大量的库存，在交易中面临更高的风险。事实上，对产品生命周期的错误估计导致不良库存的大量出现，为了处理这些库存，A 公司已经在本期交易中损失了数十亿日元。当然，将这些不良库存全部清零恐怕希望渺茫，不过，哪怕仅仅减少20%甚至10%都可算作难得的成绩了。"究竟怎么做才能将这条供应链上的风险降至最低"，这将是 A 公司业务总部面临的最大挑战。

正如上文所述，市场的变化日新月异，速度不断加快。A 公司的案例说明，在产品的生命周期不断缩短的同时，产品种类也在激增。在这些因素的影响下，对畅销商品和销售时机的预估也变得越来越难（图 2-1）。

另外，即便抓住了商品销路，来自客户的订单与以往相比呈小批量化趋势，未必能确保追加订货。

有趣的是，同样的现象在大部分领域的制造业中相继发生。"多品种小批量"不再是便利商店（CVS）的专属，大多数企业都面临相同的困境。需求动向变得越来越难以捉摸，大量生产、大量消费的结构已然崩塌。

市场变化的加快
  大规模定制
  —产品生命周期缩短
  —种类多样化

超竞争（Mega Competition）
  —全球性竞争

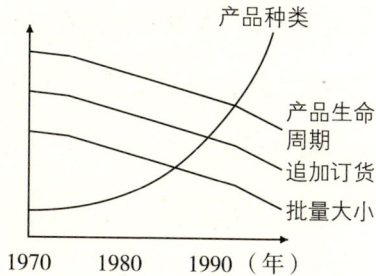

将迅速适应市场变化作为首要任务＝敏捷管理

出处：野村综合研究所根据 APICS① （全美生产与库存管理协会）的资料所绘制

图2-1　为什么现在要探讨 SCM

再者，全球性竞争演变得愈发激烈。举个简单的例子，一旦发现优秀的供应商或零件制造企业，就能立刻与之进行交易，不受国内外地域的限制，越早推向市场便能越快抢占先机，这种思考方式逐渐获得人们的认可。如果还像过去一样，将产品研发到生产的各个环节全部交由本公司系统内的子公司执行的话，毫无疑问会被甩在后面。在超竞争不断发展的影响下，产品投入市场的周期也在不断缩短，商品的生命周期同样如此。

（2）零售业的严苛要求

从交货企业的立场来看，CVS 的要求可谓极其严苛。以 B

① APICS：American Production and Inventory Control Society.

公司为例，如果某种商品在当天的最终订单确认时间为下午 1 点左右，那么按规定要在下午 5 点配送至 CVS 的物流中心，由于从 B 公司的工厂到物流中心需要耗费 2～3 个小时的配送时间，工厂的实际生产时间其实只有 1 个小时左右。

为此，工厂必须在上午就对当天的订单进行预估，按照预估的结果提前生产。但由于预估结果的偏差或突发事件，偶尔会出现某些商品的生产数量多出 2～3 倍的情况。

另一方面，向 CVS 交付的商品一旦出现短缺，可能会造成交易终止。虽说如此，额外进行大量生产以确保所有商品库存充足的方式同样不可取。反过来说，投入市场三周后销售额增长依然缓滞的商品将不再续订。一旦续订终止，就意味着商品将被永久淘汰。额外生产所导致的不良库存问题，也只能由 B 公司一方承担。CVS 拥有强大的销售力，对于制造业而言这种立场上的倾斜也是无可奈何的，究竟如何才能解决这一问题呢？

第一时间察觉消费者需求动向变化的是零售业，其销售管理手段随着信息技术（IT）的革新正在逐渐提升。

零售业需要在尽量减少库存的同时，避免因店铺缺货造成最佳销售时机的错失，要做到时时刻刻根据需求变动迅速做出反应。为此，要在每天对需求变动进行预测的基础上，经常性地以周为单位、以天为单位，甚至以小时为单位来持续监测销售动向。对每件产品都要进行精细的需求预测，一旦发现销售行情出现变化，便立刻采取调整订购的产品数量等措施，对食品制造商等产品的供应商提出相应的要求，以适应市场需求的变化。

面对零售业的此类高要求，供应商则必须立刻对生产计划进行更改或调整，迅速向生产现场传达，再进行生产、发货，诸如此类的适应调整已然成为常态。

特别是对那些向 CVS 供货的供应商而言，能否满足 CVS 方面的交货要求直接关系到交易的成败。

当然，从供应商的立场来说，为了保证工厂的生产率，能够进行大批量的稳定生产是最为理想的。但是，这种生产模式必然会失去 CVS 或量贩店等具有极强销售力的客户，适应零售商的高要求（交货期短、小批量订单变更等）也是无可奈何的选择。制造企业作为供应方，其生产供应管理将进一步受到苛求。

（3）日式经营管理优势的丧失

20 世纪 80 年代，日本的制造业以最先进的生产供应系统称霸全球。事实上，SCM 原理的构建确实有许多源自日本企业的成功因素分析。一般认为其成功因素主要包括以下 3 点。

第一点在于全套型产业集群。日本国土面积狭小，且大部分产业为全套型布局，产品配送通常在一到两天就能完成，配送环境之便利恐怕能令幅员辽阔的美国也羡慕不已。地理环境上的优势，赋予了供应商灵活的应对能力，哪怕面临生产计划大幅度变更的难题也能游刃有余，大多数产品在第二天就能配送到位。举个更极端的例子，在这样的环境下，只要向供应商提出"确实很需要这批货，无论如何请想想办法"之类的要求，供应商哪怕将已经交付给其他公司（即竞争对手）的商品收回也会满足客户的要求按需交货。

第二点在于制造业生产现场以准时制同步生产方式（JIT）为代表的极强的适应能力。

丰田的"看板管理模式"声名在外，从材料供应商的供货到生产的各个工序，通过"一个流生产方式"确保半成品库存基本清零，是一种同步化生产流程管理手段。无须赘言的是，这种先进的生产管理过程对生产现场的人件（人力）条件要求极高。在某种意义上可以说是实现 SCM 的一个范例。

第三点在于系列化的交易关系。从 SCM 的观点来看，这里的系列化与其说是资本关系本身，不如说是共同构成同一条供应链的稳定关系。关键是在同一条供应链中，销售经理人与采购经理人之间要频繁地进行信息交流，分享市场的实际状况或生产计划变更等诸多信息。

然而，随着经济全球化的发展，过去支撑日本企业的优势基础逐渐坍塌，其得天独厚的优越条件已一去不返，主要表现在以下 3 个方面：

①很难做到在第二天就将所有的零部件配送到位，需要有计划地进行物流管理。

②为了在竞争中获得更大优势，零件供应商的选择必须超出集团企业的范围向外扩大。

③JIT 生产方式只有在供应商维持一定规模的零件库存的前提下才能实现，然而在产品多样化和产品生命周期缩短日益加剧的背景下，供应商同样不愿意积压库存。

(4) 人件管理遭遇瓶颈

上文已经提到，人件（人力）在过去的生产现场发挥了极大的作用，面对突发情况随机应变，因此备受重视。然而，在商品生命周期急剧缩短、产品多样化愈演愈烈的今天，无论是传递市场的变化，或是进行生产计划的调整，人力这一因素所能起到的作用已经微乎其微。

另外，随着经济全球化的发展，面临突发状况时，能够满足日本企业不合理要求的生产供应环境已经丧失，信息量的暴增也超出了人力所能处理的范围。

笔者与马来西亚、泰国等地的制造工厂管理人员进行了交流，这些管理人员不约而同地指出：其他国家不具备相关的基础条件，无法复制日本制造业的作业模式。日本工厂的作业思维建立在日本国内聚集了大量高水准企业的前提下，不可能在一朝一夕之间要求国外的工厂达到相同的水准。

（5）奢侈的系统投资陷阱

从其他角度来看，SCM 在日本之所以受到如此追捧，其原因之一在于日本企业特有的问题，主要体现在日本企业此前的系统构建方式上。

日本企业过去的投资方式极其奢侈。20 世纪 80 年代，日本经济十分繁荣，尤其在信息化投资方面，很多企业甚至仅根据"销售额的百分之多少"这种毫无根据的决策方式进行系统投资。

最终，企业的系统构建方式以各个部门为单位，目的是更加准确地满足用户的需求。构建系统时，甚至会在"行情表的位置""印章的位置""浮动汇率的设置"等方面征求意见。

　　这种构建方式之所以能形成，也是由于在某种意义上，投资环境十分"奢侈"，即使不对系统投资的效果进行商讨，只要能够确保预算，也能在客户导向的名义下进行投资。

　　从 SCM 的观点来看，这种系统构建方式最终会造成大多数企业出现致命的缺陷。

　　举个极端的例子，构建起销售系统的公司、生产系统的公司及会计核算系统的公司分别属于不同的企业和不同的计算机供应商，系统之间的相互协作只能在纸面上进行的例子也不在少数。

　　在这种情况下，要想打破部门之间的壁垒进行信息共享变得十分困难。不仅如此，查询销售量和库存同样十分不便，无法立即向客户答复交货时间，也不能立刻进行补货。大多数企业几乎无法根据生产进展情况，及时向客户准确地反馈交货计划和重要信息，例如"这批商品在几天前应该能完成"或"这批商品已进入生产流水线"等。

　　另外，估计有半数左右的企业在重新制订生产计划时，很难系统性地掌握材料是否已经供应到位等关键信息。

　　出于这些因素的影响，通过按部门区分的纵向分割系统，形成在完全不同的交货日期和交货周期内进行批量处理的系统集合，可以说是日本企业信息系统的典型结构。

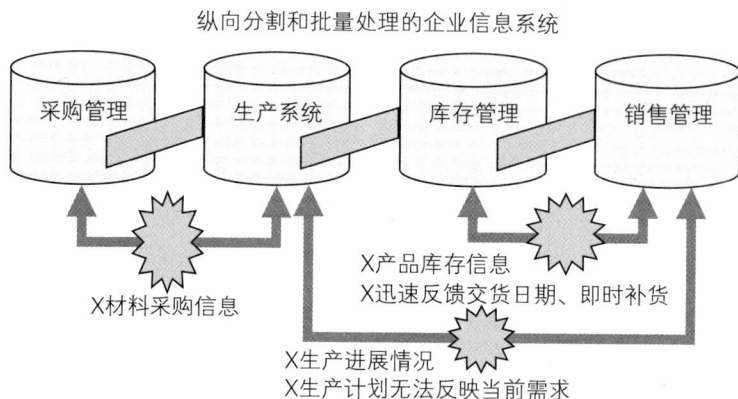

纵向分割和批量处理的企业信息系统

X材料采购信息

X产品库存信息
X迅速反馈交货日期、即时补货

X生产进展情况
X生产计划无法反映当前需求

图2-2 日本企业过去的信息系统

美国在当时正处于经济大萧条时期。企业普遍陷入不知何时会被收购，不知何时会消失的恐慌中。在这种情况下，美国企业以逐一定制为主，在很长一段时期内都无法进行系统构建。

当下成为热门话题的 ERP（Enterprise Resource Planning：综合业务系统）也同样，不允许过多的资金浪费，只能购买满足最基本业务的既有应用程序，雇用有处理应用程序经验的人员负责操作，在最低的配置范围内，构建起业务运作系统。

结果，业务应用程序的市场逐渐在美国扩大。市场扩大后，应用程序供应商开始对企业所需要的系统进行研究。

于是，供应商提出了"ERP"这一概念，构建起突破部门间壁垒进行信息共享的结构，从企业（Enterprise）整体优化的立场出发进行运作。在 ERP 之前，供应商还通过 MRP 和 MRP II 等形式，以制造业为中心，提供了标准化业务模式和独立的业务应用程序。

ERP 则是在此基础上，将 DRP（配送计划）和会计体系纳入范畴之内的形态，首先作为商业模式在 APICS（全美生产与库存管理协会）进行标准化，各企业再根据这个商业模式开发出各自的系统。

用　　语　　解　　说

MRP

MRP 是 Material Requirement Planning 的简称，意思是物资需求量计划。具体指一种生成主计划后，粗略估计生产能力，并制定出物资需求量计划的系统。不过，此时无法对生产能力进行严密的计算。并且，如果以制定好的计划为基础来计算生产能力，则无法顾及物资的限制问题。一旦出现问题，就不得不逐一修改总计划，不仅耗时耗力，也不能对业务订单的变更迅速做出应对。MRP 在日本的普及率较低，问题应该就是出在这里。

如今美国的经济恢复繁荣，信息经济发展迅速，而这一结果并非所有美国企业进行战略性系统构建所成就的，反而是由于当时条件不允许，无法进行奢侈的投资，从而促进了信息技术的发展。日本则与美国截然相反，花费资金建立起的系统反而成了束缚企业的枷锁。

（6）对信息系统的认识差异

此外，对于生产管理业务领域的信息系统，日本和美国在认识上有着很大的差异。

相比较而言，美国的生产管理主要依托以标准化的 MRP 为中心的信息系统。日本的生产管理却并不依存于信息系统，反而更加注重以人力为基础来确保管理灵活性的结构。

笔者询问原因时，日本企业的生产管理负责人通常会回答道："在生产计划、管理的现场，我们只有在计算物资采购量时才会用到信息系统。20 年前问世的 MRP 等应用程序也无法用在计划制订和调度上。就算依靠信息系统也无法进行生产，我们的优势在于生产灵活性高这一点上。"

确实，这种想法在 20 年前是正确的。即便是在 10 年前，恐怕也很难依靠信息系统来进行计划制订及调度。这意味着，日本的企业尤为注重业务方面的要求，煞费苦心通过系统生成的生产计划也会根据"总之这是特殊订单，要尽早生产"之类的业务需求而一再更改。另外，时间栅栏（某一固定的时间期限，例如 1 周）的概念对于 MRP 而言必不可少，只要处于时间栅栏的界限内就不能进行生产计划的变更，然而在当时的企业环境下，这一规则成了一纸空文，无法被遵守。

因此，日本形成了一套独特的生产体系，无须过度依赖信息系统，通过序列号管理、产品编号管理等形式，将产品订单与半成品一一对应，达到了人力也能进行管理的目的。这在当时可谓是一大壮举。

但在现在，随着产品多样化和生命周期的缩短愈演愈烈，全球化不断发展，日本的这套生产体系已经到了极限。依靠人力进行管理的结构逐渐暴露出在可扩展性方面的短板。例如，当出现紧急订单变更时，日本企业构建的人件管理结构必须先在工厂里搜寻订单对应的半成品批次，然后在这批半成品库存上贴上代表"特急"的红色标签，保证生产现场能够目测到该指示，并优先于其他批次的产品迅速进行生产。如果这类紧急情况每周只出现 10 次左右，那么原本的人力管理结构依然可以运作。但是，当这种订单变更的紧急情况在 1 天之内以数十起甚至数百起的概率频繁发生时，就算生产现场的灵活性再高，面对"这是董事的特殊指示，特特急""紧急"等成堆的标签也会茫然失措，陷入无从着手的尴尬局面。

正因为如此，企业更应该构建能够实现供应链整体的动态优化、具有可扩展性的系统。

2　大批量生产系统的缺陷

写到这里，相信读者已经明白，日本企业在大量生产、大量消费时代的成功经验在今天反倒成为掣肘，可能会造成 SCM 发展的落后。

那么，在实际的产品生产销售现场（包括店铺在内），这些成功经验的掣肘具体会表现为哪些问题呢？接下来，本书将针对各个产业出现的典型问题举例进行分析。

（1）错失销售时机之一——缺货率上升

通过对美国的高级连锁百货公司萨克斯的全美 65 家门店进行调查，结果显示门店缺货率分别为牛仔裤 60%、文胸 46%、女性内衣 35%（本结果由美国嘉思明咨询公司提供）。

到店的顾客中，约有 77% 的顾客空手离开，其中的 68% 表示之所以没买，是因为"虽然有喜欢的商品，颜色或款式也满意，但却没有合适的尺码"。算下来，错过销售时机带来的损失是销售额的 2 倍左右。

（2）错失销售时机之二——因高品质、低价格失去订单

以建筑设备材料制造商 C 公司为例，假设市场已经十分成熟，C 公司的竞争对手只有在美国和欧洲的两家公司，全世界的市场被这三家公司垄断，且三家公司正在全球化潮流中进行着激烈的交锋。日本的 C 公司一直以来凭借着高品质和低价格的竞争力在市场中占有绝对优势。然而，最近在东南亚的投标竞争中屡屡输给美国的公司。形势越来越严峻，C 公司对失败的原因做了彻底的分析，发现问题主要出在"无法迅速对准确的交货日期做出答复"这一点上。

C 公司主要生产工厂设备和建筑施工所需的某种特殊部件，公司的客户主要为总承包商和工程建设公司等。根据客户的反馈，能否在短时间内给出"各个种类的产品在何时能够真正交货"的答案尤为重要。

顾客企业并非只采用 C 公司一家的产品，在考虑委托方时，与低价购得部分零件的好处相比，能够提供准确的交货日

期、确保按时交货，使能够尽早制订整体计划具有更大的吸引力，能带来更大的利益。

此外，C公司通过进一步调查发现，公司的现状是即使花费更多的时间也无法计算出能够确保交货的准确日期。C公司只有在持有产品库存时才能确保交货日期。面对客户的问题，只能勉强做出"3个月之后应该能尽量满足您的要求"之类的答复。

更令C公司感到震惊的是，在美国的竞争对手公司给出的产品价格竟然是自己的2倍。

失败的原因虽然已经弄清楚了，怎样才能满足客户的要求，究竟能否给出确保交货的日期等问题却依然没有解决。C公司的产品虽说是通用产品，但产品种类多达数千种，产品属性也各不相同，如果大量持有最终产品的库存，C公司就需要承担极大的风险，因此这种方式实在不可取。C公司的责任董事说道："竞争对手为什么能够如此迅速地确定交货日期呢？他们的结构体系实在令人费解。在持有产品库存的同时卖出2倍的价格，这应该是不可能的吧？"

（3）不良库存的问题

接下来是玩具制造商D公司的案例。玩具制造业在很早以前就融入到了全球运营的进程中。大部分企业都采取了在中国香港或内地进行生产，再向世界市场供应的形式。

玩具市场的生命周期很短，约有 40% 的销售额集中在圣诞节期间，尽管如此，玩具制造业属于劳动密集型产业，生产能力上缺乏弹性，而且产品配送也需要耗费很长的时间（从生产地运至美国需 1 个月，欧洲需 2 个月），这是玩具产业的运营现状。

为此，美国的销售公司每天通过 EDI① 来获取 POS 信息，并据此构建能够逐步掌握市场动向的环境结构。利用这一结构，销售公司能够在一定程度上，根据各大零售商提供的信息进行较高精度的销售动向分析。

美国的销售公司根据 POS 分析，判断出某种商品的销售高峰已经过去了，因此联系中国的制造工厂，要求更改生产计划。然而中国工厂的反应令人十分惊讶："我们这边是按照年度计划持续进行生产的，不按销售计划进行销售的话我们也很为难。"

美国的销售公司同时也向日本的总公司提出了更改生产计划的要求。然而，日本总部同样只给出了"无论如何，必须达到预期的销售额！卖不出去是因为销售上还不够努力"之

———————

① 　EDI：全称为 Electronic Data Interchange，即电子数据交换。

类的回应。

D公司美国销售公司的责任董事无奈地感叹道："很显然是出现了不良库存的问题，这究竟是谁的责任？"

另外，还有一个发生在日本国内的例子。某一家百货公司的董事长向给自己供货的服装制造商E公司提出了这样的要求："请你们也采用QR（Quick Response：快速响应）系统吧。卖得好的商品一旦售罄，希望你们能够在第二天就补货到位。"E公司的负责人回答道："其实，我们已经采用QR了。保证按照您的要求第二天就配送到位。贵公司是我们的特别客户。"

然而，在当前的业务环境下，E公司要实现快速响应，就必须在旺季到来前持有大量的产品库存，那么库存持有成本和不良库存的风险都会附加在交货时的产品价格上。

这位百货公司的董事长是否了解这一点已经无从得知，不过董事长所提的要求应该是指去除库存之后的QR，也就是说，希望对方能够在去除库存成本的前提下实现快速响应。

通过持有库存来实现的话，无论哪家公司都可以做到。当然，由于产品生命周期短、流行性较高的产业要实现SCM十分不易，对不良库存的风险也应恰当地进行评估，这一点尤为重要。

(4) 间接部门的高成本结构

东京大学的西村清彦教授对日本制造业的成本结构进行了颇有意思的分析。本书引用如下：

"参观一下最近日本的工厂会发现，越是外来参观人数多的工厂，其人力节省程度越高，工厂本身几乎不见人影。如果在进出工厂时穿过采购、销售、管理等部门，那么工厂里会有许多人在忙碌。电话、文书工作、顾客接待等，充斥着与过去一般无二的'活力'。

这种反差，暗示了当前日本企业所处的状态。（中略）

流通业因低生产率、高成本的结构性质而遭受质疑，制造业与此相同，属于高成本结构，这也是导致制造业收益低、生产率长期萎靡不振的重要原因。（中略）

不过，这种高成本结构并不单纯。具体来说，制造业的高成本是由包含流通在内的间接部门的高成本结构所导致，与关系制造本身的直接部门的高生产率形成了鲜明对比。"（《强化制造业，关键在于间接部门》，日本经济新闻"经济教室"专栏，1996 年 12 月 11 日）

值得注意的是，从宏观上进行分析也能明显看到上述倾向的发展（图 2-3）。

根据西村教授的分析，20 世纪 60—90 年代，大型制造企

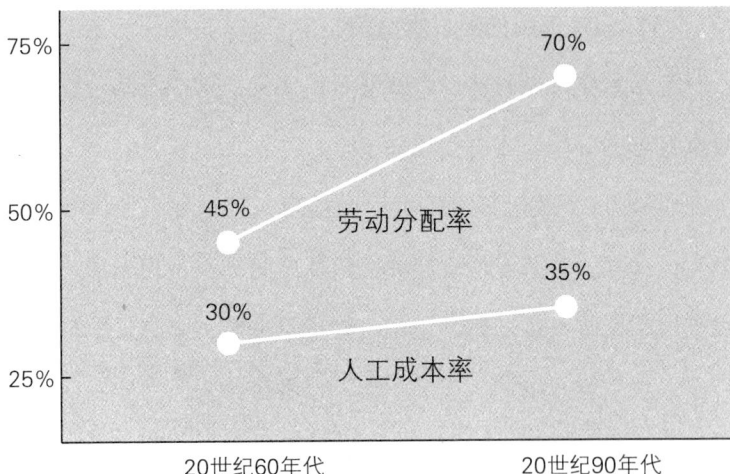

75% ○ 70%

50% ○ 45%

劳动分配率

35%

30% ○

人工成本率

25%

20世纪60年代　　　　　　20世纪90年代

劳动分配率＝法人企业统计的"总人事费用/附加价值"
人工成本率＝工业统计表的"生产劳动薪资支出/附加价值"

※以直接生产部门的人工成本（工厂部门的直接人事费）为依据
※以大型制造企业（资本金10亿日元以上）为对象
出处：野村综合研究所根据东京大学西村清彦教授的论文（日本经
济新闻1996年12月11日"经济教室"专栏）绘制

图2-3　劳动分配率与人工成本率的推移

业（资本金10亿日元以上）的劳动分配率（法人企业统计的
"总人事费用/附加价值"）从45%上升至70%。然而，直接生
产部门的人工成本（工厂部门的直接人事费：工业统计表的
"生产劳动薪资支出/附加价值"）增长幅度却很小，仅从30%
增长至35%。

这就意味着，导致日本企业人工成本增加的主要原因在于
远离直接生产的间接部门人工成本的上涨，例如管理部门、流

通部门、物流部门等。

此外，日本经济的生产率（劳动人员的人均 GDP 增长率）整体呈下降趋势，这与间接部门人工成本增加所导致的企业人工成本的增加有一定的关联性。

笔者在平时的客户企业咨询活动中，也深切地感受到了这一问题。

（5）大批量生产系统崩溃的原因

上面列举了 4 个典型问题的形成原因，另外还包括下面几种大批量生产系统的缺陷。

①产品策略与供应策略不匹配

服装产业讲究产品的流行性，一般认为采用款式多样、颜色丰富的产品策略是掌握竞争优势的关键。然而，一旦出现较高的缺货率，这种策略就毫无意义。躯干（供应能力）如果不能跟上头脑（策划能力）的节奏，产品必然无法转化为现金。

②大批量生产管理的瓶颈

上文提到的建筑设备材料制造商 C 公司，在过去虽然凭借质优价廉的产品获得了成功，现在，这些成功经验却付之东流。C 公司为了确保产品在高品质和价格上的竞争力，维持了较大的生产批量（每批生产的产品数量），生产计划也以每月一次为限，且不允许计划进行变更。因此，面对客户的问题，C 公司只能给出交货时间大概需要 3 个月这样模棱两可的答复。

无法提供交货时间的根本原因在于，企业尚未从以大批量生产系统为前提的制造管理思维中脱离。

③按部门、功能分类的组织管理遭遇瓶颈

在上文提到的玩具制造商 D 公司的案例中，没有一个对贯穿整个产品生命周期的现金流量进行负责的角色。中国的制造公司之所以不愿意减产，是因为可能会导致本公司表面上的销售额下降。计划调整困难的根本原因在于，企业尚未从以大批量生产系统为前提，按部门、功能分类进行组织管理和绩效评估的思维中脱离。

④生产现场的人件至上主义问题

本书第二章第 1 节的第 3 点也已提到，日本的制造业在 20 世纪 80 年代，凭借生产现场高水准的人力作用，占据了绝对的竞争优势。企业将流程管理权限移交给生产现场，发生问题的话在现场处理，属于人件至上主义。然而，人件管理无法从全局角度来审视经营管理流程，也不能充分利用 IT 技术来进行体系构建，经营管理上的系统方法没有受到重视。现场人件

主义虽然具有一定的灵活性，但其可扩展性十分有限，这一点上文已有阐述。人件主义最终会导致间接部门臃肿化和功能降低现象的同时发生。

(6) 不确定性的加剧

在这一节，笔者想对上述各部分的内容做一个总结。随着产品生命周期的缩短、产品多样化的发展，市场变化进一步加剧，预测市场动向变得十分困难。这就表示，市场的不确定性进一步加剧。另外，过去的大批量生产系统以对产品未来的预测为基础，以生产出来的产品必然能够卖出去为前提，而供应系统还未能从这种模式中脱离。

随之而来的是各种问题，例如生产的产品卖不出去，畅销的商品出现缺货，交货时间太短，但客户不愿意耗费更多的时间等，商品打折、不良库存的处理成本增加导致企业利润不断下滑，现金流量效率也越来越低。

事实上，造成上述诸多问题的原因根植于剧烈的环境变化中，这种环境变化具体指从大批量生产系统时代向多品种少量化生产系统时代的模式转换，因此，要解决这些问题并不简单。

企业必须同时解决"为了将错失销售机会造成的损失降至最低，必须在极短的前置时间内提供多种商品"和"面对市场的变化和不确定性，将不良库存的发生风险降至最低"
这两个看似矛盾的课题。

3 向不确定性时代的模式转换

（1）按纵向分割组织设定目标的极限

一般来说，在大批量生产系统下，作为计划性生产供应体制的前提，通常会根据各自不同的功能构建纵向分割组织。不同功能的组织以各自的优化为目的分别设定目标。

例如，生产部门的目的是在维持设备较高的产能利用率的同时，尽量降低生产成本，因此有大批量生产的倾向。扩大每批产品的生产量，就能将准备作业切换所需的停产时间控制在最低限度，相应地，每个产品所占的设备等固定成本的比例也随之减少。因此，生产部门往往容易出现半成品库存的问题。

另外，物流部门的目的是将每件产品的运输成本降至最低，将前后两批产品合并进行运输的方式效率更高，因此有积压库存的倾向。

销售部门则以销售额的最大化为目标。为防止错过最佳销售时机，尽量将缺货率控制在最小范围内，销售部门往往也会持有一定量的库存。

换言之，各个部门都选择将一定量的库存作为缓冲库存进行储备，然而一旦市场环境发生变化，这些库存全部变成不良库存的风险也会成倍增加（图2-4）。按功能划分的组织管理以生产出来的东西确实能够卖出的大批量生产系统为前提，以部门的局部优化为目的来设置目标，这种组织管理形式本身就弱化了企业对市场变化的适应能力。

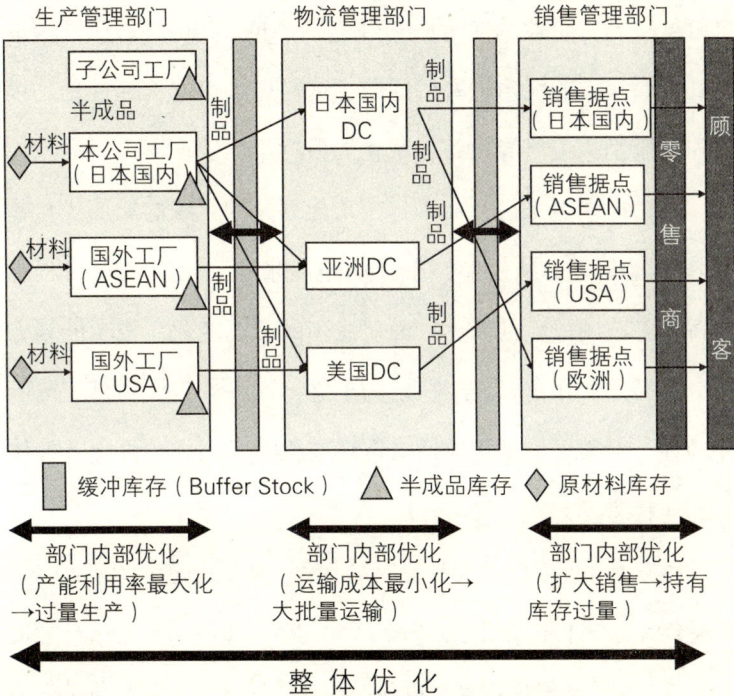

出处：野村综合研究所根据 i2Technology 公司的资料绘制

图2-4　SCM 的难点

20 世纪 90 年代初期,"业务流程重组""BPR (Business Process Reengineering)"思维成为热潮。这是一种着力于对效率低下的业务流程(Business Process)进行重组(Reengineering)的思维方式,以降低成本、缩短工期等大胆的目标为噱头被引入日本。

然而目前,日本国内通过 BPR 取得成功的企业还不多。这是由于 BPR 在最终的目标设定、管理对象的范围等方面的自由度过高,企业趋向于从"经营活动的 BPR""物流管理的 BPR"等狭隘的视角来看待问题,这与过去追求局部优化的模式并无区别,最终导致整体优化的目标难以实现。

更为极端地来讲,如果将按功能划分的组织的局部优化作为 BPR 的目标,从供应链整体的角度来看,BPR 的执行程度越高,隐藏的危险性越大。面对激烈的市场变化,按功能划分的组织局部优化仍以长期稳定为条件,这种供应体制显然已不合时宜,必须更加迅速地适应市场变化,力图维持供应链整体的最佳状态。

比方说,即使产品的制造成本上涨,从供应链整体来看,如果现金流量处于增加状态,那么正确的应对策略通常是进行小批量生产,即使运输成本高,也要选择更快的运输方式,同时终止半成品的生产,将有限的生产能力集中在畅销商品的制造上。

（2） 从账面盈利向现金流量转变

在大量生产、大量消费的时代，企业的目标是扩大损益表最终的"盈利"数字。但是，在敏捷管理中，数字不能代表实际盈利，代表盈利的必须是"Cash"，即"现金"。只有现金才是客观可信的，这种新的模式与损益表上的盈利数字截然不同。

为何数字不能代表实际盈利呢？盈利与金钱，利润与现金有着根本上的区别。具体来说，利润不过是在财务计算范畴内，能够轻易制造的数字而已。

比如说，即便商品没有销售出去，只要生产越来越多的库存，那么企业账面上的利润依然会不断增加。之所以会发生这种现象，是以库存能够全部卖出为前提，库存大量积压后，产品的固定成本向库存部分转移，在售商品的单件销售成本降低，所以产生了账面上的盈利。所谓的黑字破产就是这样产生的，原因在于企业现金不足。

这一过程现金流量作为企业绩效评价指标的重要性被指出。出于这一点，除了负债表和损益表之外，日本也开始要求企业提供现金流量表。现金流量是不包含预估经营的客观数字，是在充满不确定性的时代最能体现出企业实力的指标。

出于对产品种类和价格的制订的考虑，日本制造业采取的成本核算往往有追求以种类、订单为单位进行详细的实际成本核算的倾向。这种以个别订单为单位进行详细核算的方式，细化执行程度越高，越容易在价格设定和产品结构等问题上造成错误的判断，这一点从直接成本核算（Direct Costing）来看已是众所周知的事实。

(3) TOC 与有效产出会计

从业务层面该如何看待现金流量的最大化呢？答案是 TOC 和有效产出会计。

TOC（Theory of Constraints）属于制约条件管理理论，10 年前就在美国引发热议。

有效产出会计是指，以 TOC 理论为依据，对材料加工成产品并转化为现金的过程进行管理的管理手段。由于在产品售出时就能测定出成果，有效产出会计作为掌握现金流量的有力手段而备受瞩目。

具体来说，供应链中存在瓶颈，即制约工序，瓶颈决定了供应链整体的产出量（Throughput）大小。因此，要实现供应链整体产出量的最大化，关键在于找到制约工序，并使其产出量最大化。其他非制约工序的调整对于供应链整体的产出量影响不大。甚至，为了适应市场的不确定性，需要以制约工序产出量的最大化为条件，降低其他工序的产能利用率，将半成品库存降至最低限度。这就是 TOC 的本质。

另外，要达到现金流量最大化的目的，依然需要实现供应链整体产出量的最大化。为了达成这一目标，选择能使制约工序单位时间内的产出量达到最大的选项尤为重要。

不过实际上，制约工序通常会受产品结构、交货时间、零件的供应情况等因素的影响而发生改变。TOC 在生产现场的价值主要体现在，遭遇重新调整生产工序等情况时，摸索出尽量不影响产出量的方法这一点上。

并且，由于生产出来的产品尚未转换为现金，严格来说，在进行产出量的计算时，应该采用乘以实际售出且转变为现金的概率之后的期望值更为妥当。

耐人寻味的是，与过去的成本计算体系的思维方式相比，在产品结构和价格设定等方面，与现金流量息息相关的有效产出会计似乎给出了截然相反的答案。

有效产出会计与直接成本核算法在思维方式上虽然有相似之处，但更关键的是，有效产出会计聚焦在制约工序上，并采用单位时间内产出量最大化的思维视角，直接与 TOC 紧密关联。

(4) 隐性资产管理的终结

通过增加销售额、业务扩张等方式扩大业务资产，并以通过隐性资产等间接金融进一步扩张业务为目标，这是过去日式经营管理的特征之一。假设土地价格不会下跌，日本经济保持持续增长的前提成立，这种做法或许是正确的。然而近几年来，随着泡沫经济的解体，土地本位制已经崩溃，再加上金融大爆炸的影响，这些前提条件已经荡然无存。通过间接金融和隐性资产管理进行业务扩张的策略已是穷途末路，日本企业的业务拓展策略被迫向"以直接金融为主体的现金流量管理"的模式进行大幅度转变。

SCM 是一种在制造、流通业方面实现现金流量管理的强力指导思想。使用过去的销售额至上、重视利润的绩效评价标准无法测量出其真正的价值。要推行 SCM，高层管理人员对于转变绩效评价标准的大胆决断和领导力可谓必不可少。

(5) 经营管理系统的模式转变与 SCM

一直以来，大批量生产系统下的管理模式以未来相关的可预测性为基础。但在品种多样化和产品生命周期缩短不断加剧的今天，经营管理系统必须以不可预测未来的不确定性模式为前提（表 2-1）。具体而言，经营管理系统必须向将如何迅速适应市场动向作为基本思想的敏捷模式转变。

表 2-1　经济结构的模式转变与 SCM

经济结构的模式转变	大批量生产系统	➡	敏捷（Agility）模式
管理系统设计的前提条件	可预测性	➡	不确定性
管理系统的设计理念	按功能划分的组织的局部优化	➡	供应链管理（供应链整体的动态优化）
组织管理形式	现场人件主义	➡	采用先进的 IT 技术且从全局观点出发的管理
绩效管理系统	财务会计系统	➡	现金流量会计、有效产出会计系统

随着模式的转变，经营管理系统的设计理念也应当尽早脱离以可预测性为前提，并以按功能划分的组织结构的局部优化为目标的传统思维，迅速转变为以市场的不确定性为前提，在面对市场变化时以供应链整体的优化为目标的 SCM 理念。

其结果是，组织管理形式也必须由现场人件主义向采用了高端 IT 技术且立足于全局观点的管理方式转变，绩效管理系统同样需要从财务会计系统向现金流量会计系统和有效产出会计转变。总的来说，SCM是一种改变传统的大批量生产系统，对大幅度的模式转变进行引导的经营管理系统设计理念，并以EDI、EC、ERP等具体的解决方案为武器来大展身手。大部分企业应该都有极大的改善空间。这对于步入成熟经济体系的日本而言，可以说是一大喜讯。

三 SCM 的基本策略

- 造成 SCM 实现困难的原因主要有 4 个：需求的不确定性、产出时间超出了客户所能接受的前置时间、信息的失真，以及商品的多样性。
- 典型的 SCM 策略主要包括：大规模定制策略、VMI/CRP 策略、短周期同步规划策略、第三方物流策略。
- 在商品策划与开发、需求预测、供应能力规划等方面，下游零售业与上游制造商之间的协同合作（Collaboration）尤为重要。

```
┌────────────────────────────────────────────────┐
│          造成SCM实现困难的4个因素                 │
├────────────────────────────────────────────────┤
│  ·最终需求的不确定性                              │
│  ·产出时间超出了客户所能接受的前置时间             │
│  ·牛鞭效应（供应链上的信息失真）                   │
│  ·商品在分离点处的多样性                          │
└────────────────────────────────────────────────┘
                      │
                      ▼
          ┌──────────────────────────┐
          │         SCM策略           │
          ├──────────────────────────┤
          │     ·大规模定制策略        │
          │     ·VMI/CRP策略          │
          │     ·短周期同步规划策略     │
          │     ·第三方物流策略        │
          └──────────────────────────┘
                      │
                      ▼
          ┌──────────────────────────┐
          │    行业间的协同合作策略     │
          ├──────────────────────────┤
          │    ·商品策划与开发领域      │
          │    ·需求预测领域           │
          │    ·供应能力规划领域        │
          └──────────────────────────┘
```

Ⅲ SCM 的基本策略

1 造成 SCM 实现困难的 4 个因素

造成 SCM 实现困难的原因主要包括以下 4 个方面。

首先是最终需求的不确定性。这是导致 SCM 难以实现的最根本的原因。另外，从供应链整体的角度来考虑，产出时间长和牛鞭效应进一步加剧了这种不确定性。

此外，从供应结构的特性来看，SCM 的实现难度在很大程度上受到分离点（Decoupling Point）上的产品多样性这一点所左右。

供应链管理的实现难度并非简单的四者相加，而是四者相乘的结果。

SCM 策略的目标是进行变革的同时保持四者的平衡。接下来，本书将对这 4 点进行具体分析。

（1）需求的不确定性

如果能对"在何时、何地、能卖出多少数量"等需求信息完全进行预测的话，SCM 的实现可谓轻而易举。然而近年来，由于商品生命周期不断缩短，市场动向的预测变得极其困难。尤其是消费类产品，由于商品属性（大小、颜色等）所涉及的范围很广，必须逐一对各种商品的销售情况进行详细的分析。此外，在进行需求预测时，还要将促销和广告等活动的效果考虑在内，进一步增加了需求预测的难度。

（2）产出时间超出了客户能接受的前置时间

即使需求预测的准确度不高，假设从材料配置生产到产品送达消费者手中的时间（产出时间）在客户所能接受的前置时间（从决定购买、下单到交货所需的、客户能够接受的时间）范围之内，那么 SCM 的实现还是比较容易的。即便在接受订单之后再进行材料配置也来得及。然而实际上，能够满足这一点的案例却寥寥无几。

服饰类商品具有很强的季节性，其销售旺季十分短暂（2周～2个月）。产出时间（例如从订购布料、缝制到交货，再到配送至店铺）在3～4个月的行业相对来说很难实现 SCM。

（3）多阶段决策导致信息失真

从供应链下游向上游回溯的过程中，需求信息经过多阶段决策后有逐渐失真的危险。也就是说，在回溯过程的多个阶段进行需求预测，进行批量生产，再加上时滞的影响，需求信息在各个阶段有被放大的危险。

"牛鞭效应"（Bullwhip Effect）是研究 SCM 时必须注意的重要现象之一。Bullwhip 在英语中是牛皮鞭的意思。需求变动向上游传递时发生的信息失真波动看起来像甩动的牛鞭一样，因此被形象地称为牛鞭效应。这一概念由斯坦福大学的李效良（Hau Lee）教授等人提出，并以美国的管理科学学会为中心受到广泛认可。此外，麻省理工学院（MIT）的弗雷斯特教授在提出工业动力学时，也用仿真模型对这种现象（当时被称为"弗雷斯特效应"）进行了阐释。尽量防止这一现象的发生也是 SCM 的基本想法之一。

具体分析如下。图 3-1 中的轻微波动代表顾客在门店购买商品时的市场变化情况。这些动向信息每天都会在营业点汇总，假设下次的商品配送时间是在 1 周后，那么各个营业点会先对 1 周后的需求情况进行预测，然后根据预测结果向工厂下单。经过这一处理，工厂的表面需求（报给工厂的订单量）变动如图所示，最终需求的波动被明显放大。

并且，假设工厂的生产计划为每月一批，且上游供应商提供的交货前置时间在 1 个月之后，那么工厂又会对 1 个月之后的需求情况进行预测，并根据预测结果向供应商订购，导致波动幅度再次被放大。信息最终传递给供应商时，呈现出如图所示的剧烈波动状态。

用　　　语　　　解　　　说

牛鞭效应与弗雷斯特效应的区别

经常有读者就这两种效应之间的区别向笔者提问。提出牛鞭效应的斯坦福大学教授李效良和 S. J. Wan 指出，弗雷斯特效应是基于仿真模型应用提出的概念，而牛鞭效应是在实际的商业活动中监测到的重要课题，二者有着本质区别。美国大学间的影响力之争由此可窥一斑。

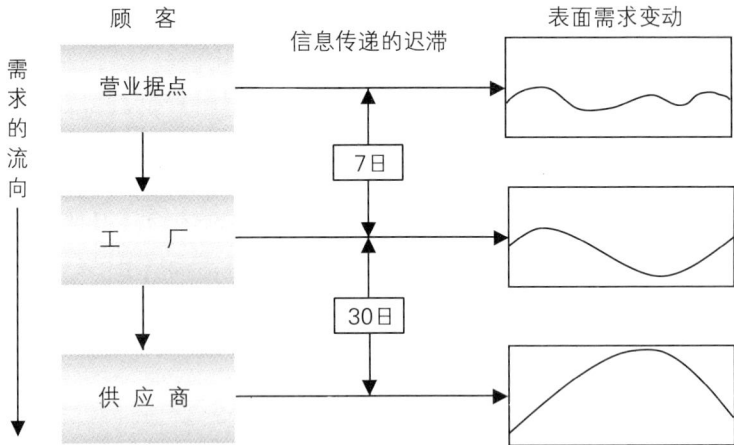

出处：野村综合研究所根据 i2Technology 公司的资料绘制

图3-1　由时滞与多重决策引发的牛鞭效应

总而言之，市场信息向上游传递（在一般交易中还包括订货的过程）所需的周期和交货前所需的前置时间越长，就越容易出现长期需求预测，因此造成信息逆流而上时，与实际的市场变化产生越来越大的偏差，导致表面上的需求量大幅度增加。面对这样的需求变动，即使企业试图迅速进行应对，也无法通过均衡化的生产计划来适应这种需求变化。

接下来笔者将通过一个计算机销售的案例来进行分析。图3-2 中的虚线代表零售商店实际的销售业绩，实线代表制造商收到的订单。虚线显示，在某一些时间点，销售业绩呈现出急剧增长的趋势，零售商店据此得出"这件商品将会大卖"的

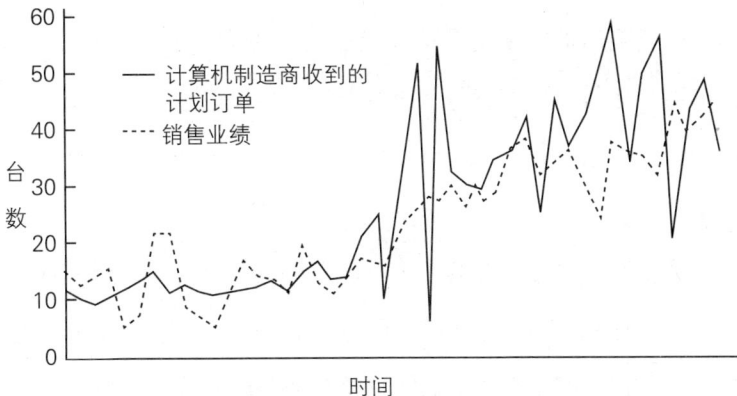

出处：笔者根据斯坦福大学 S. J. Wan 教授的演讲资料绘制

图 3-2 计划订单与销售业绩之间的差距

信息。基于这一判断，大部分的商店都向制造商订货。同时，各个商店为了在同行竞争中确保商品的库存量，还会额外地追加订单数量。

然而，当实际的销售量没有达到预期水平时，订单数量则急剧减少，出现了原本暴涨的订单数量陡然下降的现象。

下游门店各自的打算不但模糊了产品的实际需求状况，而且增加了需求变动的幅度，导致需求预测误差变大。这就意味着，上游制造商和供应商只看得到上下剧烈波动的需求变化，无法掌握实际的销售情况。为了应对大幅度的需求变动，上游企业往往选择持有大量的安全库存，最终陷入库存积压困境中难以脱身。

此外，以实际观测到的食品行业牛鞭效应（图3-3）为例，零售商店的实际销售动向虽然波动不大，但在向批发商、制造商、原材料供应商等上游企业层层传递的过程中，需求变动的幅度（波动性）被不断放大。牛鞭效应会极大地影响供应链的性能，必须尽量避免其发生。

为了避免牛鞭效应的产生，通常可以采取信息共享，协调企业间的库存策略、价格策略、运输配送策略等，价格稳定化，根据过去的销售业绩而非订单量来分配库存等措施。

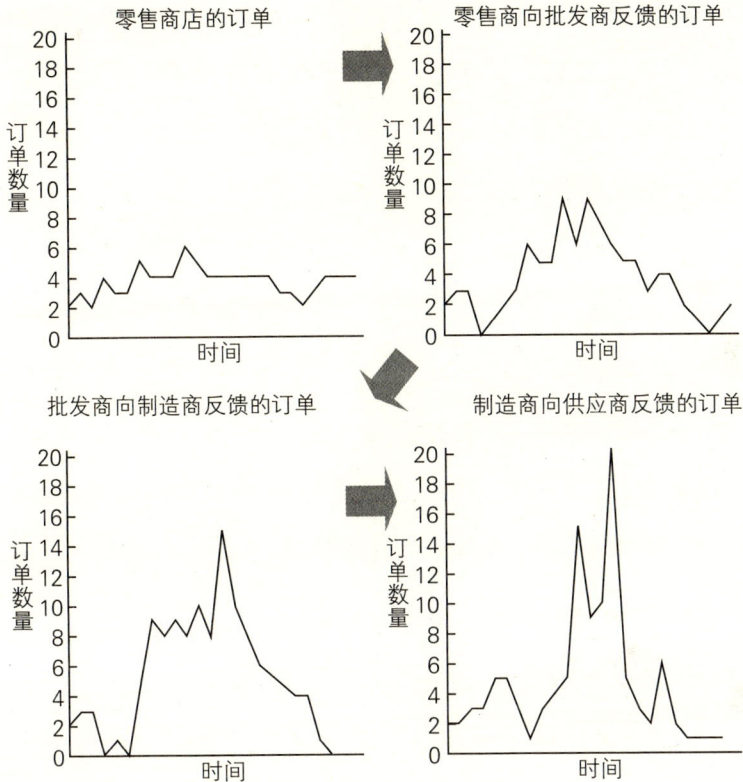

零售商店的订单　　　　零售商向批发商反馈的订单

批发商向制造商反馈的订单　　　制造商向供应商反馈的订单

出处：笔者根据斯坦福大学 S. J. Wan 教授的演讲资料绘制

图3-3　需求变动向上游工序传递时的放大效应

（4）分离点处的产品多样性

如果商品种类单一，那么即使所需的产出时间较长，难以进行需求预测，也依然能够较为轻松地实现 SCM。

而当产品种类出现多样化时，实现 SCM 的难度也随之增加。分离点是指预测生产与按订单生产的边界（由客户所能接受的前置时间和总产出时间决定），如果能控制分离点处的商品（或半成品）多样化，SCM 的实现难度就有可能降低。也就是说，有可能构建起在收到订单之后，组装相对较少的零部件，提供多样化商品的供应结构。

然而，如果无法集中分离点的商品总类，会导致大量半成品库存的积压，供应链整体也难以维持结构的稳定性，极易受到市场的影响。

本书第一章第 4 节已经介绍了惠普和贝纳通公司的案例，解决方案之一是将多样化产品的差异点尽量后延（即延迟策略：Postponement）。决策延迟有时看上去虽然矛盾，但在应对市场的不确定性上无疑是正确的选择。

2　实现敏捷性的 SCM 策略

（1）对 SCM 策略的理解

SCM 是集多种商业实践于一体的综合体系，仍处在发展阶段，并未普遍确立，也不存在完全成熟的理论和手段。经过各种试验和试点项目的反复摸索，才逐渐发展、进化到现在的状态。

　　而且，在信息技术的发展、全球化的推进、高端外包服务的拓展、企业架构重组、价值链的重构等多种因素的刺激下，未来应该还会产生新的商业模式和商业实践。SCM 策略的执行、普及和扩大是被称为"第四次科技革命"的数字化信息革命的具体实现过程。可以毫不夸张地说，我们正处在这一过程当中。

(2) 典型的 SCM 策略

　　在这一小节，笔者将对迄今为止所见的 SCM 典型策略进行介绍。

　　为便于读者理解，笔者根据客户所能接受的前置时间和供应前置时间（供应商从收到订单到交付货品所需的实际间隔时间）之间的关系，进行了大致的整理：

　　①客户所能接受的前置时间>供应前置时间→大规模定制策略

　　②客户所能接受的前置时间<供应前置时间→VMI/CRP策略

　　③客户所能接受的前置时间=供应前置时间→短周期同步规划策略

　　此外，作为支撑 SCM 物流活动的服务策略，第三方物流策略也值得一提。

另外，供应链上的企业间的协同合作（Collaboration）策略同样不容忽视。过去探讨的 EDI 和 EC 等模式开始站在 SCM 的协同合作策略的角度重新进行构建，也是当前的形势之一。

关于协同合作策略，美国现在正在推行的 CPFR[①] 项目尤为著名。在信息技术不断进步的背景下，可以想象今后还会有各种形态的高端协作诞生。

本章第 3 节将从商品开发协作、需求预测协作、供应能力（容量）规划协作这 3 个大的方面入手，对合作活动的主要内容进行论述，并以服装产业为例，对合作活动的具体思维进行说明。

（3）大规模定制策略

如果能将供应前置时间控制在客户所能接受的前置时间范围内，就可以采用此策略。大规模定制策略旨在通过个别订单生产将不良库存的风险降至最低，并在极短的前置时间内通过个性化服务满足客户需求，最大限度地掌握销售时机。

---

① CPFR：全称为 Collaborative Planning Forecasting and Replenishment，即协同式供应链库存管理。

执行大规模定制战略时，需要以个为单位对订单进行处理，同时还需具备能够调整供应计划的灵活能力这一条件。今后，通过提高供应计划的调整能力，缩短产品的供应前置时间等手段，即使是目前难以应对产品需求的领域，也有执行大规模定制策略的可能性。

大规模定制策略的著名案例具体如下：戴尔在收到多种规格的电脑订单后可以在 1 周之内交货；松下 National 自行车在收到以山地车为中心、基于个别规格的自行车订单后，能在两周左右交货；美国的李维斯（LEVI'S）做到了根据消费者的尺码进行牛仔裤的个性化定制，在全美范围内接收订单且在 5 日内交货。

(4) VMI/CRP 策略

在某些案例中，消费类产品在零售商和物流中心保留有一定量的库存，实际需求信息通常以批量处理的形式从零售商向上游企业传递，由于牛鞭效应的影响，实际需求信息容易产生"信息失真"的问题。因此，将需求变动信息如实地传递给供应链上游同样是一大挑战。

VMI/CRP 策略是应对信息失真问题的有效手段之一。VMI（Vendor Managed Inventory：供应商主导型店铺库存管理）

是指由供应链上游企业（制造业等）直接对零售商的门店库存及物流中心库存进行管理的策略，CRP（Continuous Replenishment Plan：连续补充计划）是指不间断补给。

通过 VMI 策略，零售商能及时利用 EDI 将店铺的 POS 信息提供给制造商，制造商以这些信息为依据，执行需求预测方案和补充计划，及时补给店铺库存。这种结构使制造商能够避免牛鞭效应所导致的信息失真的影响，对需求预测和销售计划、生产计划进行调整（图 3-4）。

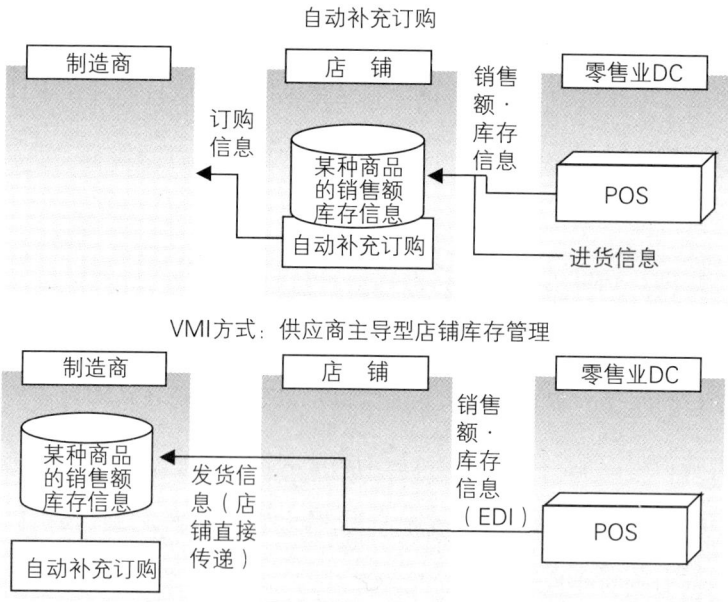

图 3-4 供应商主导型店铺库存管理

出处：《实践　消费者应对策略（Consumer Response）》（岩岛嗣吉、山本庸幸著，日本 DIAMOND 出版社）

　　而相对地，在过去普遍采取的自动补充订购的结构下，需求预测由零售商主导，并根据标准库存水平、预先确定的标准交货前置时间、订单批量大小等因素，预估所需的安全库存量，再向制造商订购。这也是导致牛鞭效应发生概率极高的原因。

　　在采用 VMI/CRP 策略的情况下，店铺库存为制造商所有，商品的销售时间点即零售商的进货时间点。这就意味着，零售商实际上并未持有该商品的库存，也没有向制造商进行补充订购的必要。店铺的库存补给由制造商主导。从零售业的立场来看，去除订购流程、检验流程等不必要的步骤能够极大地提高工作效率，因此，VMI/CRP 在日本被作为简化作业流程的典型案例而备受关注。然而，对于制造业而言，其价值却不甚明显，缺乏执行诱因的策略往往很难实现。

　　事实上，VMI/CRP 策略的首要目的是抑制牛鞭效应产生的影响。对于制造业来说，有利之处不在少数，而其关键在于以实际需求数据为基础的需求预测算法的研发。

　　图 3-5、3-6 反映了美国食品制造商 F 公司的案例。开始实行 VMI/CRP 策略之后，成功将订单（这里指监测到的发货数量）的变动幅度控制在较低的水平，并且在 3 周后，将物流中心的库存水平压缩了 47% 的同时，使商品的缺货率从 7% 成功降至 1% 左右。

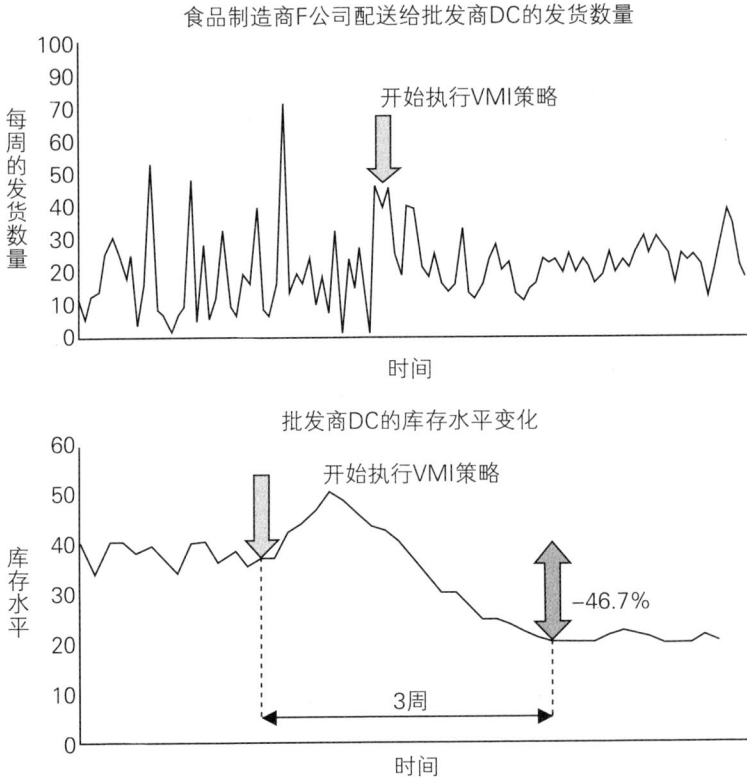

食品制造商F公司配送给批发商DC的发货数量

开始执行VMI策略

每周的发货数量

时间

批发商DC的库存水平变化

开始执行VMI策略

库存水平

−46.7%

3周

时间

出处：笔者根据斯坦福大学 S. J. Wan 教授的演讲资料绘制

图 3-5　VMI/CRP 的成效：抑制生产、出货的变动幅度

　　事实上，如果只是简单地运用 VMI 策略对卖出的商品数量进行补充，那么这种方式所能发挥的效果也十分有限。必须研发出以多种商品属性每周或每月的需求变动模式为基础，兼顾商品销路的特征，以及促销、广告等活动效果，基于需求结构分析的需求预测系统（图 3-7）。VMI 策略执行后，之所

批发商DC/零售商的缺货率

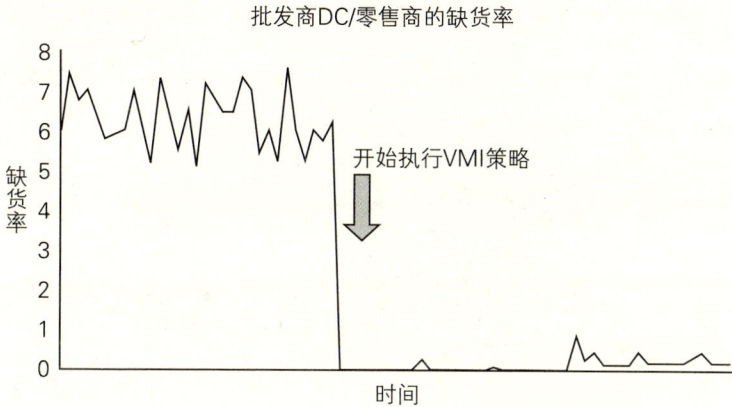

出处：笔者根据斯坦福大学 S. J. Wan 教授的演讲资料绘制

图 3-6 VMI 的成效：减少断货风险

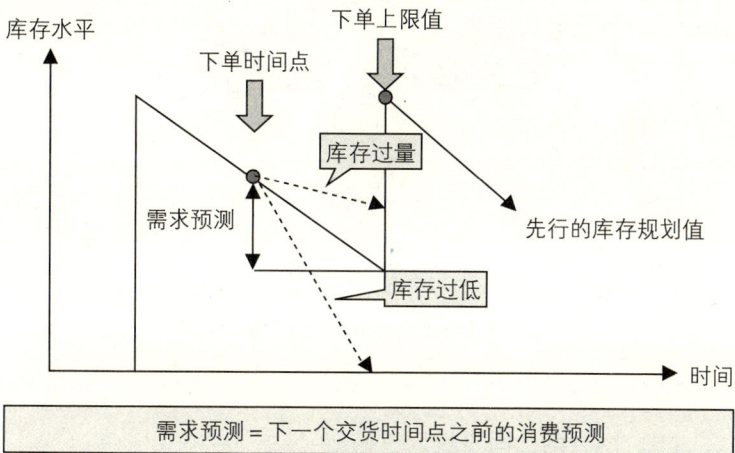

需求预测＝下一个交货时间点之前的消费预测

出处：笔者根据《实践　消费者应对策略（Consumer Response）》（岩岛嗣吉、山本庸幸合著，日本 DIAMOND 出版社）绘制

图 3-7 需求预测对于 VMI/CRP 的重要性

以在降低库存水平上耗费了 3 周的时间，是由于需求预测算法的研发需要 3 周。而制造业并未进行这些高水准的协调准备，仅导入 EDI 是很难取得较好效果的（图 3-8）。

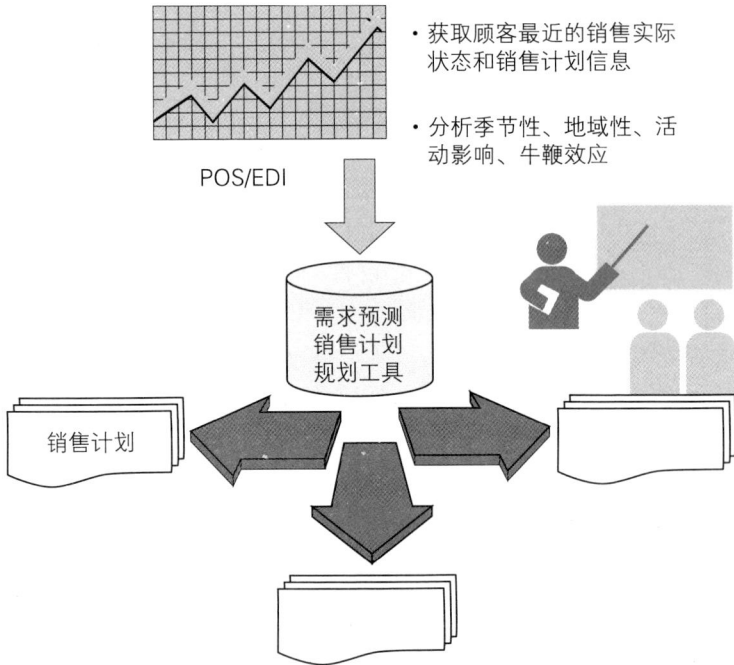

- 获取顾客最近的销售实际状态和销售计划信息

- 分析季节性、地域性、活动影响、牛鞭效应

POS/EDI

需求预测销售计划规划工具

销售计划

图 3-8　提高需求预测准确度的思维方式

（5）短周期、同步规划策略

零部件等资本货物生产商的分离点通常处于生产过程中，在这种情况下，面对客户给出的最终订单数量和预估数量之间的差距，关键在于迅速对生产计划进行调整或更改，将作业指

令传递到生产现场并切实执行，提高交货达成率。

具体来说，必须采取图 3-9 中的 6 种行动。

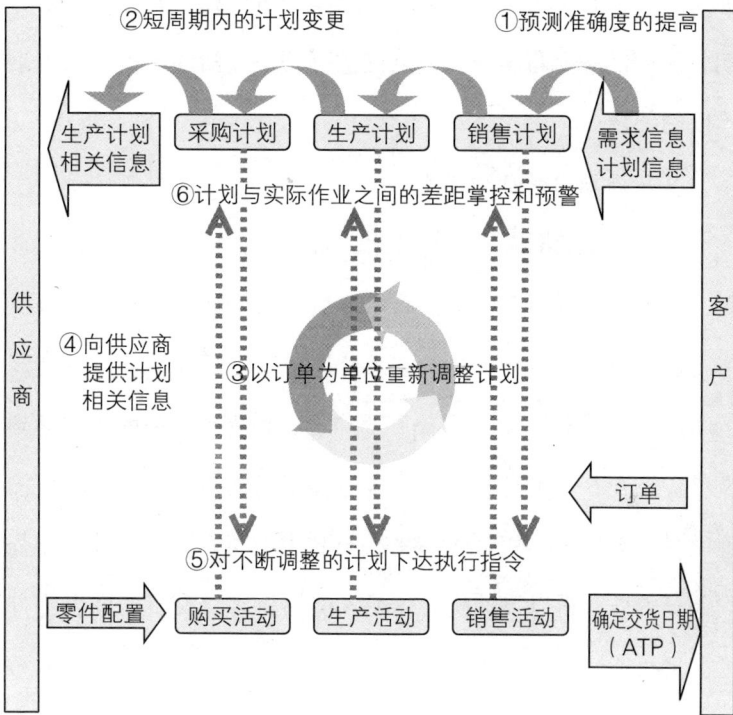

图 3-9 中的内容：

②短周期内的计划变更　①预测准确度的提高

生产计划相关信息　采购计划　生产计划　销售计划　需求信息计划信息

⑥计划与实际作业之间的差距掌控和预警

供应商

④向供应商提供计划相关信息

③以订单为单位重新调整计划

客户

订单

⑤对不断调整的计划下达执行指令

零件配置　购买活动　生产活动　销售活动　确定交货日期（ATP）

图 3-9　短周期、同步规划策略

①预测准确度的提高

要提高资本货物的预测准确度，关键是在收到客户企业的最终订单数量的基础上，进一步通过 EDI 频繁且及时地获取基于客户企业生产计划信息的订购计划。通过这种方式，能够减少制造商在处理客户企业生产计划修改等问题上的时滞。当然，如果交货日期、数量与供应能力之间产生矛盾，不能满足客户的要求时，也可通过 EDI 告知客户确切的交货量和交货日期。这种供应商与客户企业之间的高度协作活动是提高预测准确度的关键。

②短周期内的计划变更

要实现短周期内的计划变更，就必须在销售计划、生产计划、采购计划的各个环节，以尽快适应市场变化为目标，反复进行设计和调整，并要尽量缩短计划执行时期和最佳时期之间的时滞。康柏电脑（Compaq）将自己在世界范围内的生产计划调整控制在 6 个小时，以求迅速适应市场动向的变化。值得注意的是，近年来，随着 APS 等信息技术的革新，这些计划排程类业务的效率得以飞速提升。APS 能够将客户交货时间、零件的配置可能性、生产能力（设备、劳动力）等因素同时纳入考虑范围，并进一步结合 TOC 与供应连锁活动的同步化，提升在最大限度地减少半成品库存的同时实现供应排程的可行性。

计划设计者通过适时调整排程的优先级，利用各种条件之间的相互影响，能在短时间内确定出最合适的计划。

此时，明确替代方案的评估标准必须基于其在供应链整体上的表现，并迅速进行替代方案的评估决策，这一点尤为重要。

③以订单为单位的计划再调整与答复交货时间的能力

即使在短时间内对计划进行了调整，面对部分特殊客户（大客户、特定的重要客户等）的重要订单时，依然需要以订单为单位进行计划的更改或调整，并对交货时间给出明确答复。当然，在处理这类计划外的订单时，可以提出溢价要求，重要的是搭建好能够应对特殊订单的结构（参照图 3-10）。

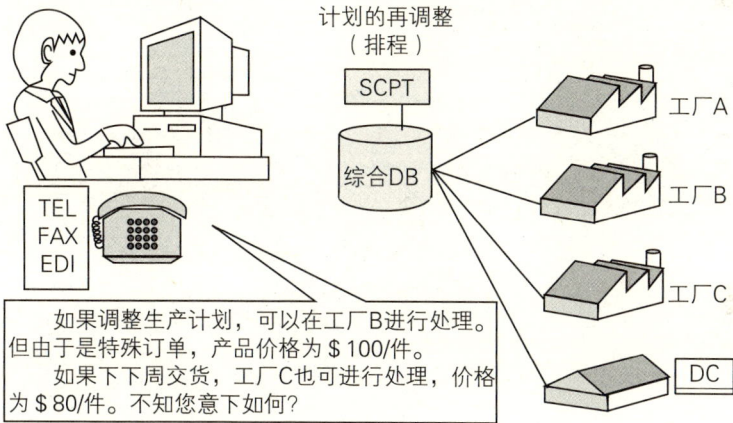

图 3-10 以订单为单位的计划再调整与答复交货时间的能力

④向供应商提供计划相关信息

将以本公司各个时间点的生产计划信息为基础的预计订购信息传递给供应商（从与第①点的提高预测准确度的相反立场进行），通过市场信息的及时传递，使供应商能够预先做好相关准备工作，这对提高供应商的应对能力而言具有重要意义。如果在最后关头才临时向供应商传递信息，要求供应商灵活应对的话，大多会出现图3-11的情况。

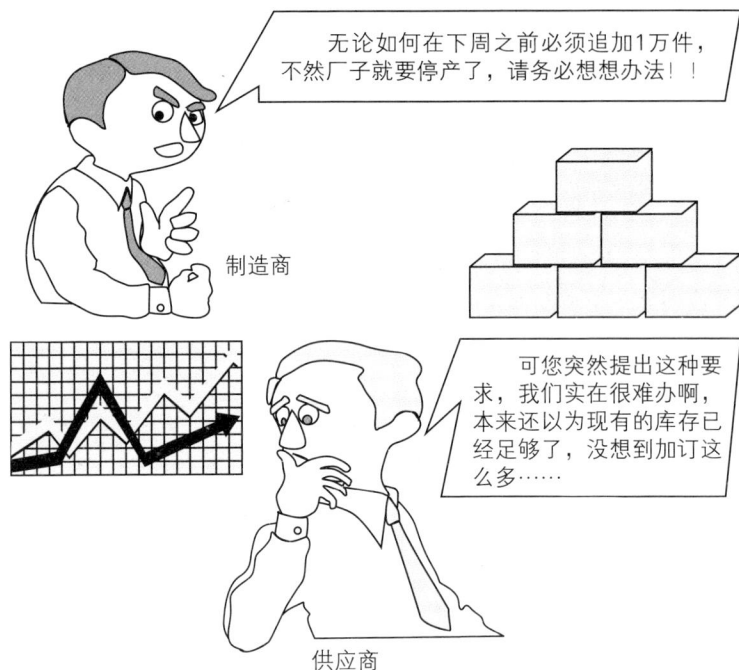

无论如何在下周之前必须追加1万件，不然厂子就要停产了，请务必想想办法！！

制造商

可您突然提出这种要求，我们实在很难办啊，本来还以为现有的库存已经足够了，没想到加订这么多……

供应商

图3-11　向供应商提供计划信息（现状）

⑤对不断调整的计划迅速下达执行指令

计划调整或更改的指令必须切实传达给生产现场。为了达成这一目标，需要打破部门间的壁垒，在相同环境下对计划规划系统和执行系统进行整合。ERP是能满足这一需求的重要手段。

⑥**计划与实际作业之间的差距掌控和预警**

面对第④点的生产指令与实际作业之间的差距问题，必须尽快控制二者的偏差，在差距进一步扩大之前重新调整计划。如图 3-12 所示，通过企业内部网络等手段，构建一个将过去用电脑无法联接的基础信息系统轻松联网的结构，对情况变化实时进行监控，这一点不可或缺。

通过企业内部网络掌握进展情况

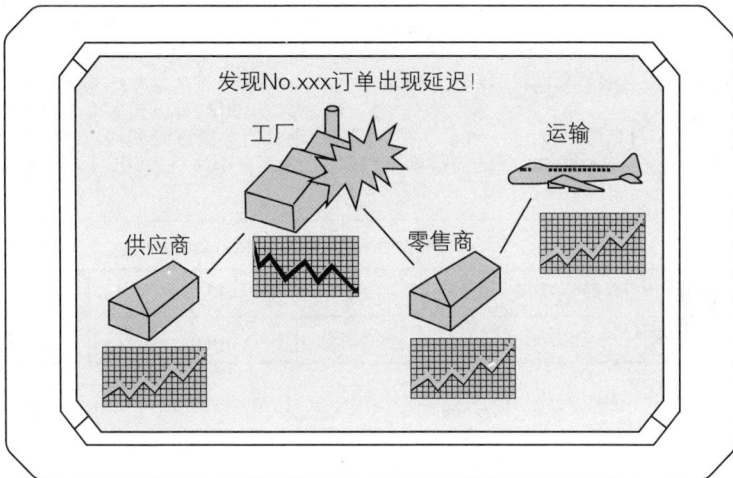

图 3-12　计划与实际作业之间的差距掌控和预警（理想）

（6）第三方物流策略

在迅速调整企业自身的生产计划、物流计划，以适应市场的销售动向时，企业之间运输过程中的货物跟踪信息和库存信息可谓不可或缺。

面对货主企业的需求，部分先进的国际物流企业通过最大限度地利用国际标准 EDI 来进行国际性的业务合作，开展高端的全球化物流服务。

（提供亚洲—北美联运过程中的库存管理信息）

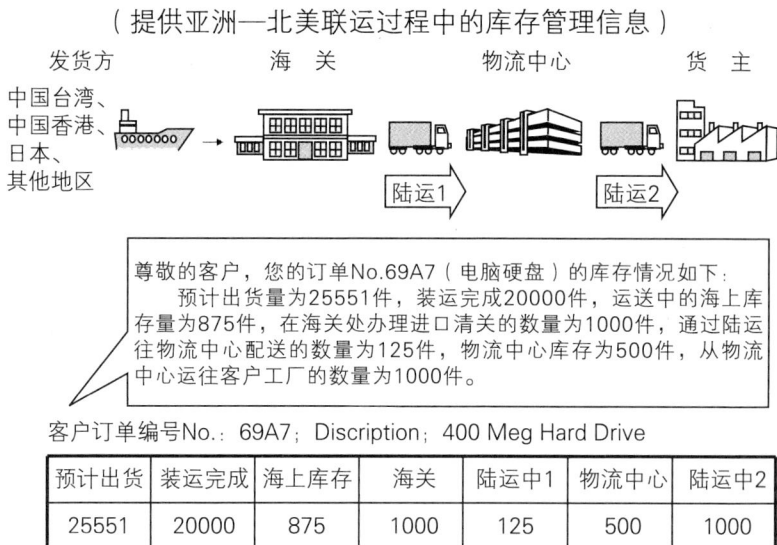

尊敬的客户，您的订单No.69A7（电脑硬盘）的库存情况如下：
预计出货量为25551件，装运完成20000件，运送中的海上库存量为875件，在海关处办理进口清关的数量为1000件，通过陆运往物流中心配送的数量为125件，物流中心库存为500件，从物流中心运往客户工厂的数量为1000件。

客户订单编号No.：69A7；Discription；400 Meg Hard Drive

预计出货	装运完成	海上库存	海关	陆运中1	物流中心	陆运中2
25551	20000	875	1000	125	500	1000

出处：野村综合研究所根据斯坦福大学 S. J. Wan 教授的研究结果绘制

图3-13 弗里茨的第三方物流策略

以图3-13所示的美国弗里茨公司为例，弗里茨将客户使用的零件等物流管理总揽于一身，亚洲各国生产的零件从工厂出货后，弗里茨公司能持续为客户（即货主企业）提供整个运送过程中的追踪信息（即货物跟踪信息，例如特定的产品订单编号所对应的海上库存量、是否申报清关、未完成清关的货物数量等信息)，包括预订（海运订舱安排）、办理入境美国的清关手续、向物流中心的内陆配送、从物流中心到货主工厂的内陆配送等。

值得注意的是，弗里茨公司并未从事海上运输或内陆运输等业务，公司自身并未提供相关的运输方式，却能向货主企业提供极为详细的货物跟踪信息。

事实上，这并不是弗里茨公司为某一家特定企业投资的新系统项目，而是弗里茨利用国际标准 EDI，与各个环节的承担主体（船运公司、海关、货运公司）签订了交换货物跟踪管理信息的契约而已。同样地，船运公司构建的提供货物状态信息的结构（体系）也并非只为弗里茨公司服务。

用　　　　语　　　　解　　　　说

EDI 与标准化

EDI 是 Electronic Data Interchange 的简称，意思是电子数据交换，是指企业等不同的组织之间，按照公认的标准进行商务数据交换的过程。其旨在促进交易快速化、省力化、无纸化。正如其字面意思，常规业务可全部以"电子化"进行处理，过去通过电话、FAX 等共享各类信息的相关业务也可全部用标准化的信息来处理。

在根据国际标准 EDI 构建了信息交换系统的企业之间，能够以较小的投资实现更高端的服务。

从这一典型案例中可看出，通过最大限度地发挥企业间 EDI 结构的作用，物流公司就能像企业内部的物流部门一样运作，形成联系紧密的一体化企业关系。依靠这种关系，货流公司能够独立承担货主的国际物流部门的活动，开展高品质的外包业务（=第三方物流策略）。凭借这种先进的物流管理外包服务，货主企业的 SCM 水平能够得到极大的提升。

3 行业间的协同合作策略（Collaboration）

（1）协同合作策略的思维方式

首先需要介绍的是下游零售业与制造商之间的协同合作基本思维，本节将从商品策划与开发领域、需求预测领域、供应能力规划领域等 3 个方面来进行思考。

①商品开发协作

以消费类产品为例，由于零售、服饰、纺织原料、纺织制造等各个主体分别独立进行商品开发，造成商品品类供大于求，这也是 SCM 实现困难的原因之一。

因此，实行这一策略的主要目的是，通过位于同一条供应链上的企业间的协作，共同进行商品开发，将错失销售时机的概率降至最低，对商品品类进行提炼精简（SKU[①]）。食品和杂货等行业盛行的品类管理（Category Management，指零售商和制造商通过门店的商品调查问卷等形式，从消费者的角度来了解某种新商品是否有开发的必要，并共同进行探讨）则是典型的商品开发协作策略。

②需求预测协作

同一条供应链上的企业协同进行需求预测活动，力求缩小供应链整体的预测误差，这是需求预测协作的目标。

具体来说，零售商拥有促销计划的相关信息而制造商没有，制造商拥有大范围的销售信息（其他零售店的销售动向等）而零售商没有，二者通过信息共享和探讨，能在一定程度上提高需求预测的准确性。相关的典型案例主要有：沃尔玛和华纳兰伯特制药公司通过 CFAR 和 VICS 构建的标准化商业模式 CPFR（Collaborative Planning, Forecasting and Replenishment[②]）。

③供应能力（容量）规划协作

零售商为了将发生不良库存的风险降至最低，即使已

---

① SKU：全称为 Stock Keeping Unit，即最小存货单位。
② CPFR：协同式供应链库存管理，也叫协同规划、预测、补货。

经进行了一定程度的需求预测，也会尽量延迟下单，以便掌握更精确的需求动向。而供应链上游企业如果等待零售商下单后再进行生产，无疑会延误交货时间，因此上游企业不得不在有限的信息条件下进行预测生产，结果往往造成大量的浪费。

为此，可将供应链下游企业的订购方式设置为分阶段下单，通过导入以承认一定范围内的数量变动为前提，签订提前订购契约的形式，确保各个阶段的生产数量和上游企业的生产容量。如此一来，下游企业根据准确度较高的需求预测提前下单，上游企业能够尽早着手处理，有效提高上游企业的应对能力。

在这种结构下，数量变动的幅度越小，市场不确定性的变化幅度也越小，产品价格就越便宜。这采取的是与金融市场的期权溢价相同的思维方式，颇为耐人寻味。

（2）商品策划与开发领域的具体协作实例

上一节对协同合作活动的思维方式进行了梳理，接下来笔者将借服饰商品的案例进行说明。

①改善空间极大的商品开发活动

在服饰商品的供应链中，零售业、服饰、纺织原料、纺织制造等各个主体虽然有一定程度的信息交流，但基本上处于分别独立进行商品开发的状态。

例如，纺织原料企业每年会策划新的布料作为新产品，制成样本后向服装企业展示。服装企业从中选择合适的布料，并进行新的商品策划。然而就纺织原料企业提供的样品数量而言，服装企业实际采用的数量可谓太仓一粟，大部分的样品往往被白白浪费。

再者，服装企业利用这些布料制成样品后，会向零售商展示，零售商订购的商品通常也不过是样品的极小一部分。

这种样品制造所带来的损失意味着两个方面的问题：一方面，样品制造活动对于消费者来说并没有任何的附加价值，而且需要耗费极大的资金成本。另一方面，由于样品制造需要花费不少时间，所以基本上断绝了在当季（期间）进行其他商品策划的可能性。

②协作、同步规划型的商品策划和开发活动

同一条供应链上的企业，包括零售商在内，通过相互协作共同进行商品开发，能够缩短商品策划和开发所需的前置时间。另外，精简商品品类（SKU）可以减少大量样品生产造成的损失，提高在当季进行其他商品策划开发的可能性，有效降低错失销售机会的概率。

具体来说，可采用零售商、服饰企业、纺织原料企业的商品策划负责人面对面共同商讨的方式，充分利用当前高度发展的图像处理技术，进行服饰商品的策划（如果能利用图像处理技术将商讨结果形成图像，则与样品照片的探讨结果相差无几）。

在这种结构模式下，将纺织原料企业的策划信息、服饰企业的商品策划信息进行合成，形成最终的商品图像信息，再从企业各自的角度进行微调，就能达到同步进行商品策划和开发的目的。采用这种方式及时在当季进行额外的商品策划，可以大幅度提高推出畅销商品的可能性。

③图像处理利用的课题

实际上，在执行同步规划活动时，零售商通常会提出"没有样品实在难以判断，无论如何请给我们提供样品"之类的强烈要求，限制了商讨活动的开展。

当然，图像技术的利用并不意味着没有样品制造的必要。不过，在讨论商品的质地、手感之前，对于部分一看就能否决的样品，依靠图像处理技术也能得出相同的结论。

因此，与零售商进行商谈时，可以先采用图像合成初步淘汰部分存疑款式，对零售商买家更感兴趣的样品款式集中进行策划和开发。这样能使样品制造的效率得到极大提升，对零售商而言同样大有裨益。

（3）需求预测领域的协同合作概略

①需求预测协作的要点

为了进行需求预测领域的协作活动，需要就面对共通的最终需求如何把握其结构这一问题，以其结构分析（Framework）相关的共同认识和数据为基础进行探讨。

②零售业的贡献点（顾客属性分析）

在进行日本的零售业与服饰行业之间的需求预测协作时，尤其需要强调的是零售业的贡献点，即基于数年的数据积累、已有成功案例的零售业会员顾客属性分析的需求结构信息。

这就是所谓的"一对一营销（One-To-One Marketing）"策略的实际应用，即"充分利用信息技术追踪特定顾客的购买动向，迎合客户需求来进行品类配置和营销活动"（出自 1998 年 QR 大会上大卫·卡尔会长的演讲）。

据调查，零售业的销售额中，大约有一半来自使用会员卡的忠诚度较高的顾客。将这些顾客的需求具体化，直接吸引顾客购买，不仅能够进一步提高顾客的忠诚度，还能提升需求预测的准确度。零售业所持有的客户属性信息对于供应链整体而言可谓至关重要。

(4) 供应能力规划领域的协同合作概略

①零售业商品销售计划的重要性

即使零售商与服饰企业共同进行了需求预测，制造商也未必按照零售商的需求预测信息进行生产。"不知道零售商是否真的会订购"的担忧是制约制造商的瓶颈。

零售商并非一味地将品类集中在畅销商品上，考虑到与其他零售商的差异化，通常会加入特色商品。单纯的需求预测信息与零售商实际考虑的销售计划之间存在偏差。

因此，制造商在制订生产计划时，需要获取零售商中长期的销售计划信息作为依据。只有将零售业实际考虑的中长期销售计划信息传递给供应链上游企业，上游企业才能进行提高生产计划制订效率的尝试。

②零售业销售计划的短周期更改与生产计划的同步化

当然，在进入销售旺季后，根据实际需求的变动，零售业的销售计划可能会有所更改。此时，要将修改后的销售计划信息尽快提供给上游企业，实现上游企业生产计划与下游企业销售计划的同步，这一点尤为重要。

短周期内的计划变更乍看会给计划制订带来负担，似乎会降低生产效率。但从供应链整体来考虑的话，迅速反映市场动向、短周期内进行计划更改的方式效果更佳。

③零售商中长期销售计划信息的重要性

零售业在当季的销售计划偶尔会遇到准确度不高的问题。因此，零售业首先需要制订准确度较高的销售计划。

重点在于，上游企业可以根据零售商提供的准确度较高的中长期销售计划，将生产供应模式从"不确定性较高的预测生产"转变为"基于销售计划的计划性生产"。

另外，零售商在下单时，也需要导入上一点中提到的"多阶段订购方式"。

四 支持 SCM 的信息系统

- ERP（综合业务系统）是实现 SCM 的有效工具，但仅仅凭借 ERP 是不够的。
- 通过 APS（进阶生产规划及排程系统）、EDI、数据仓库、企业内部网等多种技术的综合运用，SCM 的实现成为可能。
- 导入信息技术的关键在于以下 3 点：短时间/低成本导入、部件更换简单、最新技术采用方便。
- 为了构建能够充分发挥 SCM 作用的信息系统，需要从 5 个层面的步骤逐一进行。

```
┌──────────────┬────────┬──────────┬────────────────┐
│     ERP      │  APS   │  EDI/EC  │    数据仓库     │
└──────────────┴────────┴──────────┴────────────────┘
```

┌────────────────────────────────────┐
│ · 短时间、低成本导入   │
│   │
│ · 系统组件更换简单   │
│   │
│ · 能够享受最新的信息技术成果   │
└────────────────────────────────────┘

┌─────┬──┐
│ 5   │ ┌────────────────────────┐   │
│ 个   │ │ 确定供应链的范围   │   │
│ 步   │ └────────────────────────┘   │
│ 骤   │ ┌────────────────────────┐   │
│   │ │ SCM模式的确立   │   │
│   │ └────────────────────────┘   │
│   │ ┌────────────────────────┐   │
│   │ │ 筛选出必要的功能   │   │
│   │ └────────────────────────┘   │
│   │ ┌──────────────────────────────┐   │
│   │ │ 应用程序的导入和独立部分的开发 │   │
│   │ └──────────────────────────────┘   │
│   │ ┌────────────────────────────┐   │
│   │ │ 持续性的性能评估和改进   │   │
│   │ └────────────────────────────┘   │
└─────┴──┘

┌──────────────────────────────────────┐
│ 支持SCM的信息系统应有的完备状态   │
└──────────────────────────────────────┘

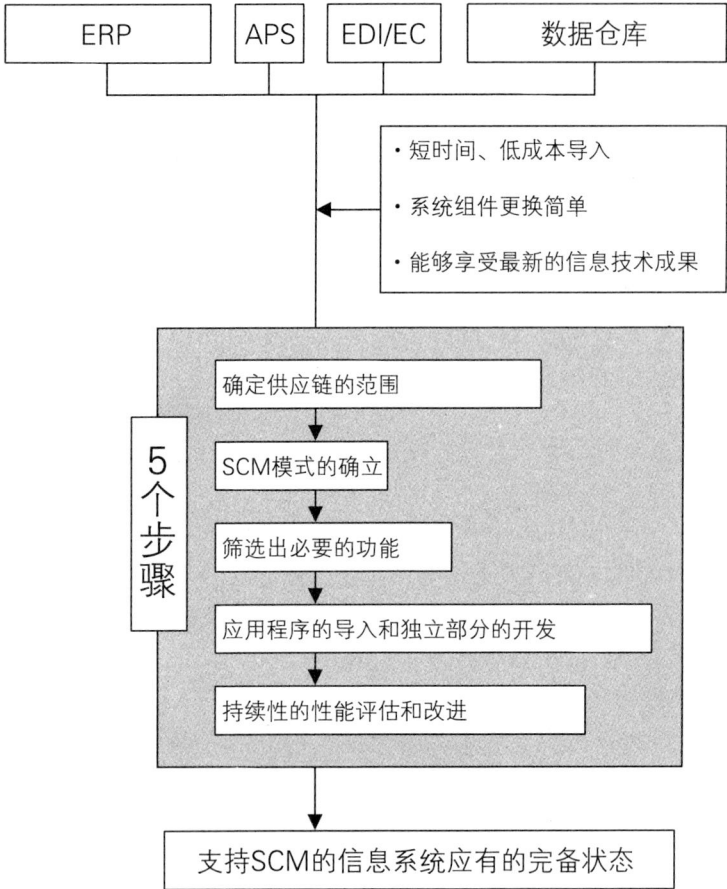

Ⅳ 支持 SCM 的信息系统

1　SCM 的 7 种活动与 IT 技术革新

在第一章中，笔者将基于 SCM 考虑的基本动作比喻为活体关系，从以下 7 个方面进行了梳理。

①精确把握市场动向＝感知系统；

②对市场动向、供应活动进展情况进行传递＝交感神经系统；

③短周期、短时间内进行计划调整＝利用小脑进行瞬间信息处理；

④对不断调整的计划下达执行指令＝运动神经系统；

⑤切实执行调整中的计划＝切实执行运动指令的肌肉；

⑥适应市场变化的柔韧结构＝能够灵敏活动的柔韧身体；

⑦需求预测方法的开创＝凭借经验预测环境变化。

接下来，笔者将从执行 7 种活动的角度出发，对支持 SCM 的 IT（信息技术）的革新进行整理。

从 IT 技术革新的观点来看，为实现敏捷管理的供应链具体活动，通过下列技术手段的革新，以各种各样的形式开始得以实现（图 4-1）：ERP、APS、EC/EDI、数据仓库/数据挖掘（利用数据仓库进行分析）、内部网、外部网等。

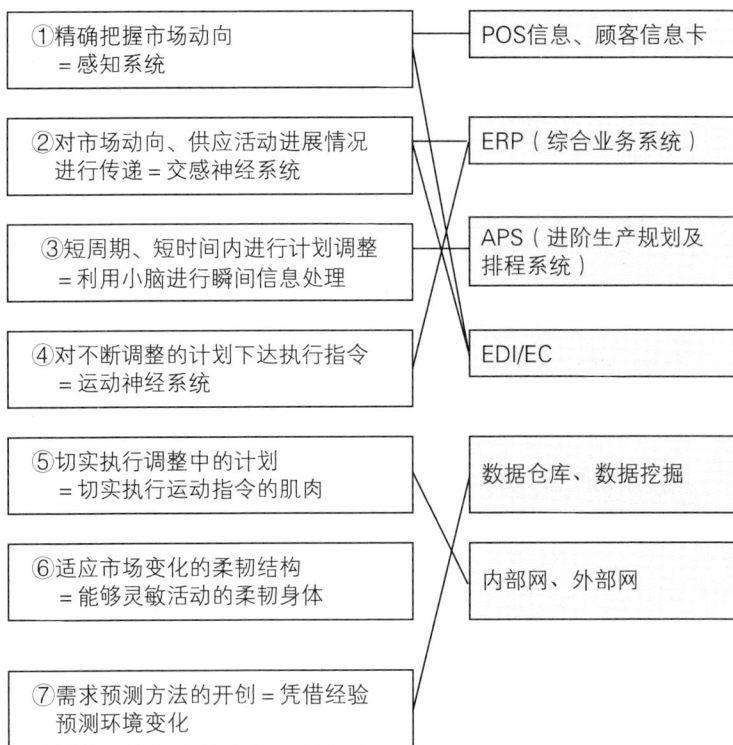

①精确把握市场动向 　=感知系统	POS信息、顾客信息卡
②对市场动向、供应活动进展情况 进行传递 = 交感神经系统	ERP（综合业务系统）
③短周期、短时间内进行计划调整 　=利用小脑进行瞬间信息处理	APS（进阶生产规划及 排程系统）
④对不断调整的计划下达执行指令 　=运动神经系统	EDI/EC
⑤切实执行调整中的计划 　=切实执行运动指令的肌肉	数据仓库、数据挖掘
⑥适应市场变化的柔韧结构 　=能够灵敏活动的柔韧身体	内部网、外部网
⑦需求预测方法的开创 = 凭借经验 预测环境变化	

图 4-1　SCM 的 7 种活动与 IT 技术革新

接下来，笔者将分别进行详细说明。

2　提供一致性数据＝ERP 软件

（1）ERP 与 SCM 的 7 种活动

ERP（综合业务系统）通过实时提供一致性数据，为企业层面的 SCM 活动创造了实现的环境。

具体来说，首先通过利用 ERP，进行"企业层面的供应活动进展情况的传递（＝交感神经系统业务）"活动，使企业能够精确、快速地掌握"目前供应活动的实际情况""生产进展情况、库存储备情况，以及可利用的零件数量"等全公司范围的信息。

此外，通过"对不断调整的计划下达执行指令（＝运动神经系统业务）"的活动，能够切实执行短周期、多频度进行更改的计划。

在日本，ERP 中的会计信息系统功能往往备受重视。ERP 原本是从 MRP（参照第二章 MRP 用语解说）发展而来的概念，围绕生产计划与配送计划（DRP：Distribution Resource Planning）等规划类系统，以实时保持一致性开展业务为基本目的来进行系统规格开发。因此，从 SCM 的观点来看，ERP 无疑是极为重要的工具。

（2） 日本企业信息系统存在的问题与 ERP 的重要性

第二章中也提到，过去日本制造商的信息系统大多以部门为单位进行开发和维持。各个部门集中各自的精英进行系统开发，挖掘现场的需求并彻底加以满足。以部门为单位来看，各个信息系统均得以优化。

然而，从企业整体来看，不同部门的信息系统采用了不同的编码体系，部门系统之间通过批量处理（在一定的时间单位内自动处理大量数据的结构）传递信息，EDI 终端未与企业内部信息系统连接，这些纵向分割的系统集合各自为政、貌合神离，甚至无法看作同一个企业内部的信息系统。因此，在多数情况下，跨越部门间的壁垒进行信息共享十分不易。

举个例子，假设顾客提出了"本周末是否确定交货"的问题，在过去"按部门区分，批量处理"的信息系统中，即使回答这样简单的问题，也需要先从销售管理系统中检索交易编号，记录下来之后，按照生产管理系统、物流管理系统的顺序依次检索，才能确认可以交货，过程通常十分烦琐。

工厂如果设在国外，情况无疑更加复杂。而相反，如果信息系统整合归一，整体进行优化的话，类似的操作通过桌子上的终端瞬间就能完成。

日本企业的信息系统之所以形成这个局面，主要原因在于，各部门为了达成"想简化订单接收业务""希望减少生产管理业务的相关作业"等目的，根据各自部门的需求来构筑最佳的信息系统，没有考虑到企业信息系统整体的功能。

从 CIO（信息主管）的立场来看，"公司整体系统优化的关键究竟是什么""其成本效益如何""应该投入多少预算"等问题越来越重要。对信息系统的投资行为如果仅凭"销售额的 1%"来进行决策，那么 CIO 陷入思考停滞的局面也是无可奈何。

(3)　仅靠 ERP 无法实现 SCM

对 ERP 的大肆宣传营造了一种只要导入 ERP 就能实现 SCM 的氛围。必须注意的是，这其中包含了一些夸张的成分。

SCM 的最终目标是，实现从供应链起点到终点的整体优化，提高现金流量的效率。需要构建起实行整体优化的集成数据库，进行企业内信息一元化，参照数据进行需求预测，通过与供应商、客户进行电子信息交换，迅速获取信息，根据收集的数据进行规划并实行资源的优化配置。

通过这种方式，各种功能才能得以整合、实现，最终实现 SCM。而这些功能仅依靠导入 ERP 是无法实现的。

ERP 不过是为了实时掌握企业活动，整理企业内的信息，对信息进行集中管理，构建集成数据库的工具。要实现 SCM，必须在导入 ERP 的基础上，加入其他功能。

也就是说，ERP 在 SCM 中所起到的作用主要集中在"构建、维持跨越部门间壁垒的集成型企业内部业务数据库"这一点上。关键在于"企业内的信息"，如果已经具备企业内部信息基础架构，其实也没有重新导入 ERP 的必要。

| 用 | 语 | 解 | 说 |

ERP 的进化

关于 ERP 的发展方向，主要有功能的零件化和功能的扩展两种观点。其一，通过将系统功能作为自由组合的零件来提供，能够轻松进行导入、新功能增加或修正、系统升级等活动。而且，通过开放 API（导入各个 OS 功能的编程），各个 ERP 供应商能够轻易地在本公司的产品中加入其他的应用程式。

这对于使用 ERP 的企业而言十分有利。用户企业可以不受特定供应商的产品或版本的限制，根据企业的实际情况选择最合适的部分进行组合。

其二，过去的 ERP 一直以销售管理、生产管理、库存管理、财务/会计等后台办公业务为主，然而近来，在 ERP 功能的扩展上，开始出现内部网络应对、SCM 应对等较大的变动。

不过，如果企业内部存在多个按照部分区分的独立的信息系统，那么利用 ERP 等软件对业务流程、集成数据库、业务流程进行组编，减少导入成本，缩短导入时间的方式当然更加明智。

3　详细计划的制订＝APS

(1)　APS 与 SCM 的 7 种活动

APS（进阶生产规划及排程系统：供应链排程工具）作为能够在短周期、短时间内进行计划调整（③利用小脑进行瞬间信息处理）的工具十分重要。一般来说，被称为 APS 的应用主要包括以下重点功能。

①跨越部门制订整体最佳计划的功能

指不按销售、生产等部门进行区分，将配送计划/销售计划/生产计划/调度计划等供应链整体的各环节业务加以模式化，及时应对需求变化，从部门整体立场制订最佳计划的功能。

②同步计划生成功能

为了迅速应对市场需求变动，必须在短时间内对各个部门的计划进行调整或更改。因此，不能按照销售计划→流通计划→生产计划→购买计划的顺序依次进行，如图 4-2 所示，必须具备在考虑生产能力的同时，同步（Concurrent）制订所有计划的计划生成功能。

同步计划（Concurrent Planning）是指：

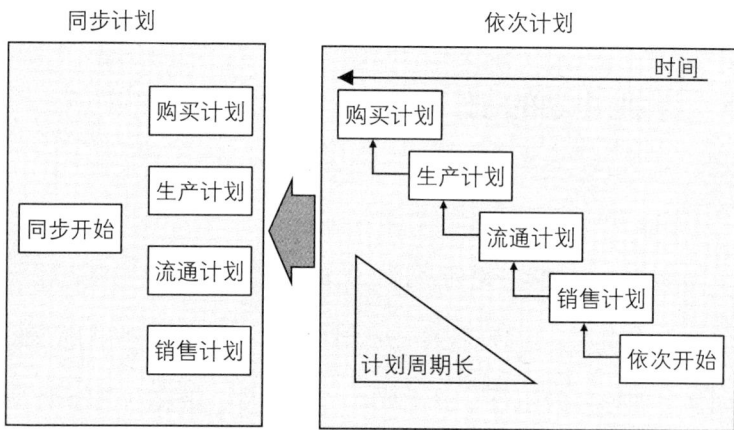

出处：笔者根据 i2Technology 公司的资料绘制

图4-2　同步最佳计划制订功能

③将制约条件考虑在内的计划优化功能

即使制定的计划十分理想，如果现场的实际业务水平跟不上计划的要求也毫无意义。为此，必须兼顾各种条件（交货时间、设备能力、生产准备时间、原材料前置时间等），以最大限度发挥瓶颈工序能力的 TOC 理论为基础，制订具有可执行性的计划。要实现 SCM，就必须根据制约条件理论制订最佳计划（图4-3）。

制约条件决定了企业的产出能力和顾客应对能力。

■能力与材料属于硬制约
■应用规则、库存管理规定、资源分配规则等属于软制约

兼顾制约条件的计划:

· 材料延迟交货
· 材料库存短缺
· 能力超负荷
· 交货时间延迟

出处：笔者根据 i2Technology 公司的资料绘制

图4-3　兼顾制约条件的计划制订功能

④计划制订流程中的（互动型）模拟功能

计划需要根据实时变化的市场需求不断进行调整和更改。当出现订单变更或紧急订单等突发情况时，面对顾客各种各样的要求，设置计划变更选项进行多种模拟十分重要，例如，"出现突发情况时，现阶段制定的计划能否应对？""如果无法应对，要如何排程才能赶上交货时间？""原本定于下周交货的订单突然将交货时间提前了两天，能否处理？""重要客户的订购量突然追加了50%，何时才能交货？"等。

当然，计划的更改不能仅由特定订单决定。事实上，在更改订单时，需要考虑到对其他订单的影响，多次尝试之后，最终以人力进行判断。

（2）过去的计划制订系统存在的问题

过去的计划制订系统存在的问题主要有两点：一是计划制订作业耗费的时间较长，很难频繁进行；二是制定的计划未必就是最佳方案。

那么，为何会出现"计划制订作业耗费的时间较长，很难频繁进行"的问题呢？

①计划制订作业耗时长的原因

计划制订作业耗时长的原因主要有两个：一是部门分割导致数据收集、信息共享等作业耗时长；二是依次计划的方式导致计划制订花费更多的时间。

典型的计划制订作业流程如图4-4所示。首先，计划作业分散在制订销售计划的部门、制订按营业点出货计划的部门等多个部门。另外，生产销售环节优化作业探讨没有相关部门负责，计划调整等作业在生产销售会议上进行。不同的部门从不同的角度来制订生产计划（MRP）、调度计划的情况也十分常见。跨越多个部门制订计划需要相当长的时间。

而且，各部门所使用的既有个人电脑，又有办公室电脑，由于使用的系统不同，在确保数据一致性上面也需要时间。

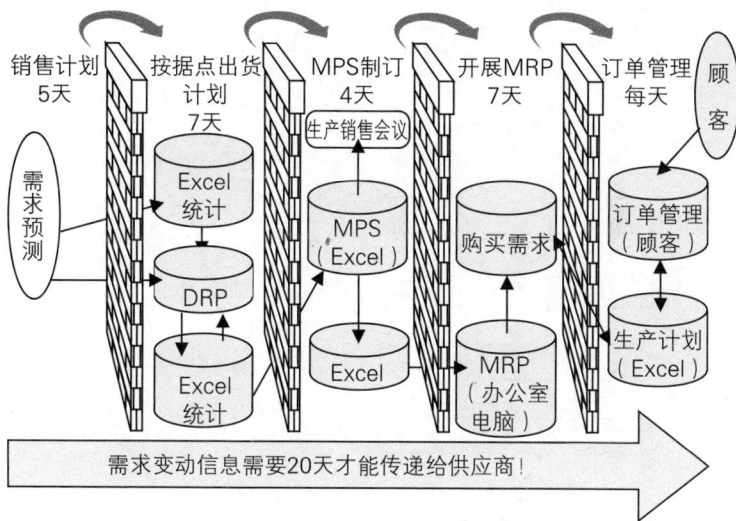

出处：笔者根据 i2Technology 公司的资料绘制

图 4-4　计划周期耗时长

实际上，探讨计划选项本身所需的作业时间仅占整体的一小部分，其余大部分时间都耗费在必要的数据收集作业上。也就是说，真正耗费时间的并非计划制订本身，而是计划制订所需的准备作业。这里需要再次强调，通过采用确保公司整体数据一致性的 ERP，在信息共享上具有极大的优势。

②依次制订计划所需时间

此外，作为供应计划核心的生产计划制订流程本身也有问题。图 4-5 为过去的生产计划制订流程（MRP Ⅱ）。

过去的生产计划制订流程（MRP Ⅱ）

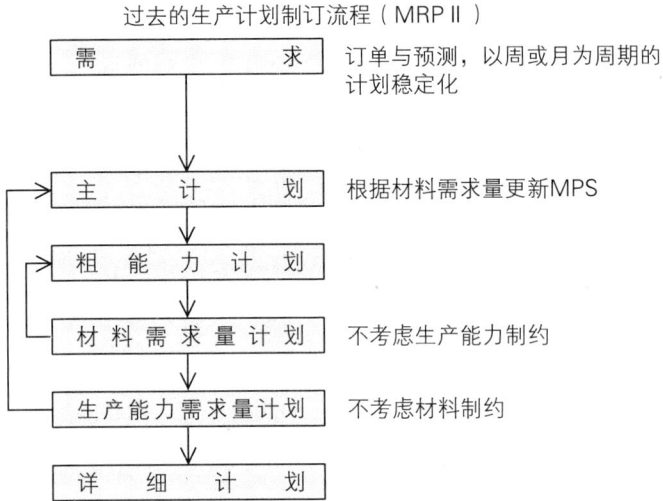

出处：笔者根据 i2Technology 公司的资料绘制
图 4-5 同步最佳计划制订功能

正如第二章所述，MRP、MRP Ⅱ 是标准的生产计划制订手段。这种生产系统首先考虑需求预测和交货时间，制定出主计划，大致估算生产能力后，对材料需求量进行规划，进而制订详细的生产计划。

不过，考虑到交货日期、材料需求量和生产能力这三个条件的计划制订如同解方程一般，通过计算机实际很难解决。当生产日期、材料需求量和生产能力中的任意一方出现问题时，就必须对主计划进行修改，一致性计划的制订需要耗费相当程度的劳动力和时间。

哪怕每月只制订一次计划，一次需要 10 天以上的时间，个别情况下需要通宵进行调整作业，在这种状态下，每周进行计划制订几乎是不可能的。

(3) 计划优化（TOC）的重要性

同时考虑到交货时间、材料需求量和生产能力等 3 方面的条件来制订计划尤为重要，此外还要进一步考虑到过度生产造成浪费的问题，必须从整体的生产性出发，制订最佳计划。即必须根据上述 TOC（制约条件理论），使计划得以优化。而过去的 MRP、MRP II 并未反映出 TOC 理论。

APS 则能够满足这些条件，并利用最新的 IT 技术，迅速进行处理，对于详细计划的制订而言是极其重要的工具。

4　实时信息收集＝EDI/EC

(1) EDI/EC 与 SCM 的 7 种活动

利用 EDI（电子数据交换）的 EC（电子商务）是实现市场动向、供应活动进展状况传递（②交感神经系统业务）的重要工具。通过导入 EDI，能够进行企业业务流程相关的所有电子信息的交换，减少从顾客到生产商、供应商到生产商、顾客到供应商等跨企业信息传递时的丢失和时滞。

利用 EDI 能够凭借交易信息的传递及时掌握市场信息。另外，供应活动的相关进展情况，如企业间的货物跟踪信息（尤其是国际运输信息）共享的关键同样在于充分利用 EDI（图 4-6）。第三章中阐述的第三方物流战略则是其典型案例。

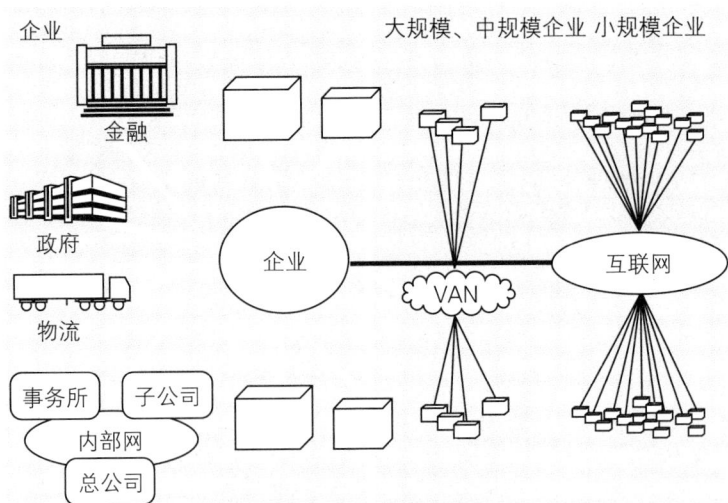

出处：笔者根据斯特林公司的资料绘制

图 4-6 EDI/EC 的充分利用

在供应链上共享实际需求信息时，从供应链下游向上游传递的过程中容易产生信息失真（牛鞭效应）的问题。因此，为了避免需求变动信息的失真，要点在于频繁且及时地向上游工序传递。这种企业间的信息传递，通过充分利用标准EDI/EC 能够达到较好的效果。

值得一提的是，EDI 标准的 ANSIX12（美国标准）和EDIPACT（联合国标准）中已经构建了以计划类信息共享化为目标的标准信息，并应用于美国的汽车等产业中。

在 1998 年的 APICS（美国生产与库存管理协会）会议上，福特汽车公司的案例备受关注，在组装厂商、一级供应商、二级供应商的 3 个层面进行计划信息共享，成功实现了短周期内的计划调整。

随着国际标准化的推进，如果是利用标准化的 EDI 信息，在全世界建立起顺利进行信息交换的开放式结构成为可能。另外，随着信息和业务流程标准化的发展，相关的应用软件也会将世界市场纳入考虑范围，提供物美价廉的产品，优点良多。

（2）与骨干系统的连接

然而现状是，EDI 在日本企业的普及程度并不高。部分企业即使导入了 EDI，也不过是将收到的订购信息先印刷在纸上，再录入到本公司的订购系统终端中，重复无用的操作。

原本实时传递信息的结构沦为简单的 FAX 装置。

也就是说，大多数企业无法直接将通过 EDI 获取的信息与骨干系统相连。

主要原因在于，区域网络 VAN（增值网络）普及后，需要花费高额的入网费和运营费，与骨干系统的连接基本靠手动方式，系统开发费用不容忽视，且因为客户构成中占大多数的中小企业并未加入，投资效果十分有限，大多数 EDI 标准只能在特定的行业和集团内使用。表 4-1 为国外与日本的 EDI 使用环境的对比。

表 4-1　EDI 相关使用环境的对比

	国外	日本
EDI 化的目的	·企业间生产—销售—物流各环节的所有常规交易信息的 EDI 化	·以行业内，集团公司为单位的订购信息 EDI 化
网络形态	·所有事业主体、业务主体的无缝 EDI 连接	·根据不同行业依存特定 VAN 的网络
投资成本	【硬件】 ·无特定机型设置，仅需提供必要的功能规格	【硬件】 ·根据使用的服务，多数要求特定企业的特定机型设置
	【软件】 ·EDI 使用相关的各类软件（信息生成、网络连接等）由各个供应商提供	【软件】 ·根据使用的服务，多数要求特定企业的特定软件

（3）多种信息的开发

关于 EDI 信息的内容，日本标准在订购和结算业务方面，以现行文件的无纸化为中心来进行。欧美国家则以凡是属于常规业务范畴，即使是利用电话或 FAX 交换的信息，也能全部通过 EDI 进行信息交换为目标，各种信息标准十分完备。

（4）备受期待的 EDI 相关技术革新

不过近年来，随着信息技术的急速发展，价格更低廉的工作站（比电脑性能更高的微型计算机）和计算机服务器得以推广，构建 EDI 信息交换的结构体系成为可能。

另外，企业在过去只能使用价格高昂的 VAN 网络，现在已经可以利用网络 EDI 等开放式的廉价网络基础设施。另外，随着跨集团、行业和国境交易的增加，EDI 的开放化动向愈演愈烈。

外部网作为强化企业间信息可视性的系统组件（构件、元件），与 EDI、网络 EDI 并驾齐驱。外部网是指在维持防止外部入侵的安全功能的同时，将内部网（运用互联网技术构件的企业内部信息系统）的概念扩展到企业之间。

外部网在企业间的信息共享、业务效率的提高等方面与 EDI、网络 EDI 十分相似。如果加入外部网的企业数量增加，且采用标准化的信息共享、交换的数据形式，外部网应该能够与网络 EDI 相互融合。

尤其是在 XML（Extensible Markup Language：指定文章字体或位置等信息的标记语言之一。与此前的标记语言不同，包含数据格式化存储）这一新标准设定后，能够对过去的外部网、EDI、网络 EDI 等表达格式各异的信息统一进行处理，企业间的信息交换、信息共享也将变得更加便捷，速度更快。

上文所述的 CPFR（协同计划、预测、交货活动），以及计算机流通行业为与戴尔的直销模式抗衡所构建的罗塞塔网络（Rosetta Net）均充分发挥了 XML 的作用，正进行着一扫以往低迷态势的大胆尝试。

日本企业也不再一味依靠 VAN，大刀阔斧地构建更灵活、更开放的跨企业网络环境的热潮正在兴起。

5 提高需求预测的准确度 = 数据仓库

(1) 数据仓库与 SCM 的 7 种活动

为了提高需求预测的准确度（⑦根据经验预测环境变化），需要通过对市场动向的掌握和分析来进行高效的营销活动。数据仓库和多维分析工具则是支持分析活动的重要系统组件。

　　数据仓库是指收集并存储顾客近期的销售实绩、销售计划信息等企业活动相关信息的大容量数据库系统。当然，如果信息过于久远，沦为所谓的"僵尸数据"，不仅起不到实际作用，还会有误导需求预测结构的危险。为此，实时收集信息的工具不可或缺，例如上述 EDI 和外部网等。

　　过去，大容量数据库只能通过大型通用计算机来构建。而现在，计算机的处理能力已经得到大幅度提升，存储介质的容量价格大幅度降低。1995 年前后，数据仓库产品刚刚问世时，构建成本十分昂贵，到了现在，构建和运用成本均大幅度降低，成为实用性极高的需求预测基础架构。

用	语	解	说

数据仓库

　　数据仓库（Data Warehouse）是 1990 年由威廉·H. 恩门提出的概念，直接翻译过来是存储数据的仓库。通过按时间顺序存储过去的庞大数据，对多个数据库进行整合，能够根据不同的角度和特性自由地抽取数据。主要目的是通过数据分析构建支持商务决策的数据仓库。1996 年开始在日本崭露头角，目前已有建成多达数万亿字节的庞大仓库的实例。

另外，进行大容量数据库管理、检索的数据库管理软件也在市场上大量出现，数据仓库的实现变得更加简单。

不过，建立起低成本的数据仓库并不意味着能够进行需求预测。如果要充分利用大量数据来进行需求预测和分析，关键在于对数据的理解，要点是利用需求结构分析、需求模式构建等营销技术和技能来确定把握数据的视角。

国外的用户企业聚集了以数十人为单位的、获得了数学博士学位的统计分析专家组，能够成功地从庞大的数据中抽取有意义的信息。日本的用户和供应商虽然都构建了数据库系统，但由于能够纯熟掌握系统的人才十分匮乏，往往很难自如运用。只有人才开发或外部人力配置（市场营销顾问等）到位，系统投资才能发挥其真正的价值。

配备好数据仓库，确立了把握数据的视角后，便轮到多维分析工具或具备特定逻辑（伦理）的需求预测工具一显身手。

多维分析工具是从季节性、地域性、商品性等各种的角度，对实时数据仓库内的数据进行分析的有力工具。只要明确了数据的切入角度，多维分析工具无疑是强大的决策支持工具。

简而言之，提高需求预测的准确度，必须切实做到以下

3 步：

①构建实时收集企业活动数据的结构；

②存储收集到的信息，形成数据仓库；

③在明确了把握数据的角度（市场营销的角度）后，导入多维分析工具或需求预测工具，并通过连续运作积累经验。

（2）数据分析技术的应用实例

服装行业属于生活消费品，具有很强的季节性，品种繁多，且在供应链上的商品产出时间很长。对于这类产业而言，需求预测会在极大程度上影响 SCM 的成效。

过去企业所采取的方式是，在销售旺季到来之前生产出所有的当季商品，然后在各个门店进行销售。然而近年来，消费者的兴趣变得难以捉摸，需求的不确定性加剧，未售出的不良库存逐渐增加，为此，企业尝试在进入销售旺季后立刻对销售动向进行抽样调查，根据调查数据对需求预测进行更改，提高整个销售季节的预测结果准确度，提高生产率（旺季期内生产方式，图 4-7）。如果能掌握进入旺季后的实际销售状况，应该可以较为准确地预测当季销路的走向。

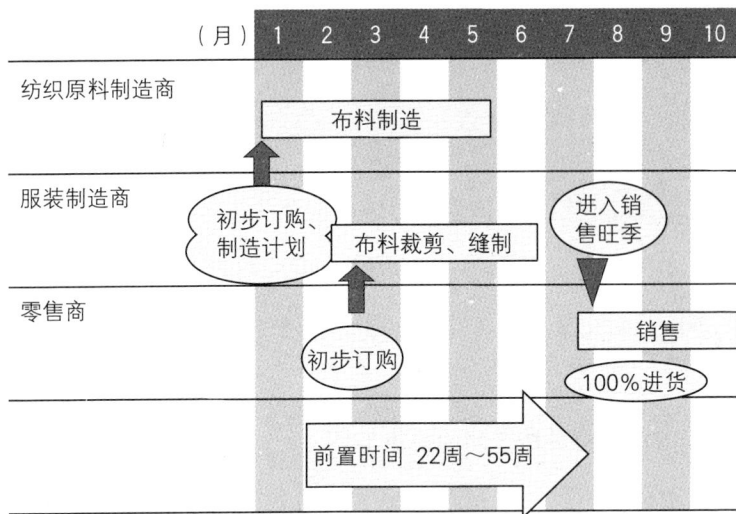

<过去的生产模式>

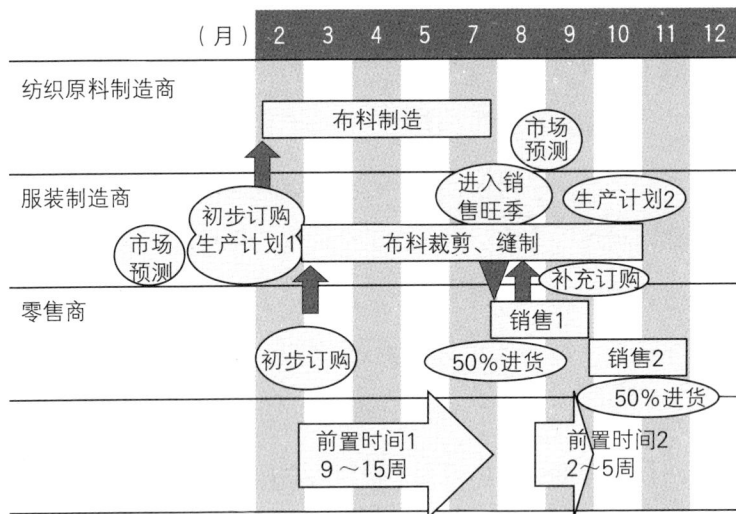

<服装产业·旺季期内生产（理想）>

出处：笔者根据《实践 消费者应对策略（Consumer Response）》（岩岛嗣吉、山本庸幸合著，日本大宝石出版社）绘制

图 4-7 需求预测高度化实例（服装产业）

　　然而，实际上对获取的抽样数据进行分析后发现，虽然相关性确实比进入销售旺季前的预测要高出不少，但进入销售旺季 2 周左右的不同商品销售份额与旺季整体的销售份额之间的相关系数约为 0.5，二者之间存在相当大的误差。

　　例如，促销商品在投入市场后，虽然在短时间内的销售数量十分可观，但未必就能在整个销售季节持续大卖。相反，长期畅销商品的销售势头通常能贯穿整个时期。商品属性不同，当季的销路也表现出不同的模式。

　　为此，如果能根据商品属性明确其销路模式，就能以进入旺季后的销售实绩为基础，结合不同商品属性表现出的销路特征，对整个销售季节的销售量进行预测。也就是说，基于中期需求结构分析的需求预测手段不可或缺。

　　另外，有经验的采购负责人根据自身经验，通常能够大致预测到不同属性的商品所呈现出的不同销售模式。关键问题在于，必须明确多样化的商品属性对销路走向造成影响的主要原因，并构建出能够预测新商品当季销路走向的需求结构模型。

　　如表 4-2、图 4-8 所示，以服装制造商 G 公司 POS 数据为依据，可将不同种类商品的销售额变化模式分为 8 类。

表4-2 不同商品分类（G公司POS数据的分析结果）

实行促销 ─ 有TVCF① ─ 非持续 ─ 促销广告色 … 模式1
　　　　　　　　　　持续 ─ 非促销广告色 … 模式1
　　　　　无TVCF ─ 非持续 ─ XXXX ─ BBB … 模式2
　　　　　　　　　　　　　无XXXX ─ BBB之外 … 模式1
　　　　　　　　　　持续 ─ XXXX … 模式2'
　　　　　　　　　　　　无XXXX … 模式2

未实行促销 ─ 非持续 ─ XXXX ─ 有AAAA ─ CCC … 模式2
　　　　　　　　　　　YYYY ─ 　　　　DDD … 模式3
　　　　　　　　　　　　　　　　　　CC、DD以外 … 模式4
　　　　　　　　　　　无XXXX ─ 无AAAA ─ EEE … 模式3
　　　　　　　　　　　　　　　　　　EEE以外 … 模式7
　　　　　　　　　　　　　　　　　　　　　　… 模式4
　　　　　　　　持续 ─ FF … 模式6
　　　　　　　　　　GG … 模式5
　　　　　　　　　　FF、GG以外 … 模式3
　　　　　　　　　　　　　　　… 模式2'
　　　　　　　　　　　　　　　… 模式3
　　　　　　　　　　　　　　　… 模式5

① TVCF: TeleVision Commercial Film，即电视广告片。

114

销售额变化模式：G公司POS数据的分析结果

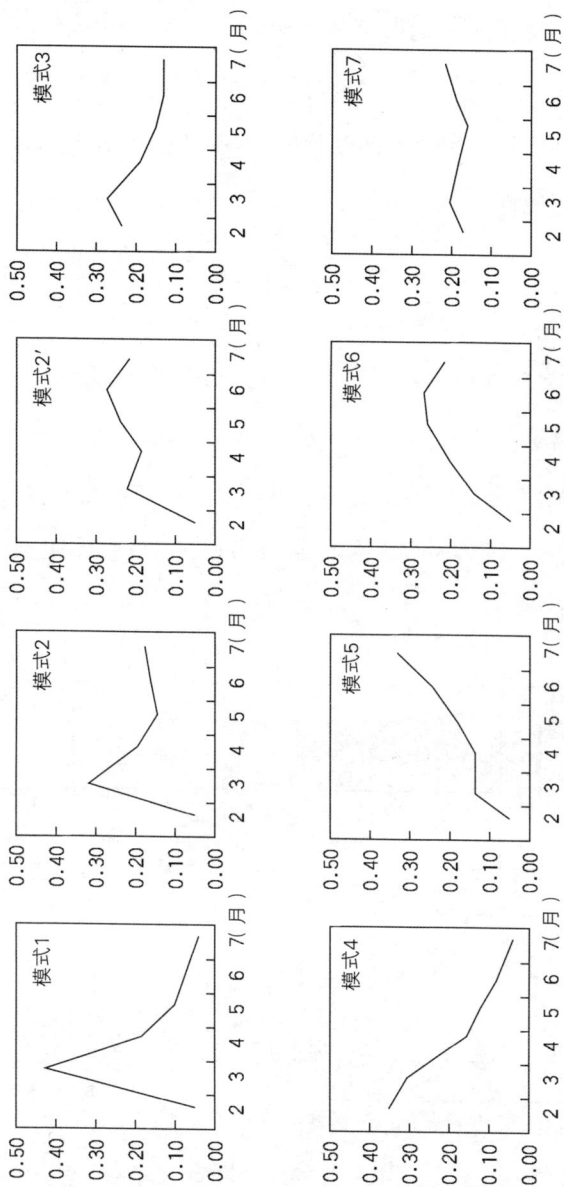

图4-8　不同种类商品的销售额变化模式

这 8 种模式分别根据采购负责人的经验（隐性知识）绘制而成。换言之，通过向采购负责人详细了解影响销路走向的商品属性，并利用数据加以验证，最终提炼出决定需求预测结构的本质属性。

如此一来，以进入销售旺季 1～2 周后的数据为依据，就能成功提高整个销售季度的需求预测准确度。

除 IT 技术外，对于市场结构分析而言，POS 信息、零售商的顾客会员卡等信息均为极其重要的信息获取手段，此处由于篇幅限制无法展开论述。包括上文论述的信息技术在内，只有灵活运用各种 IT 技术革新手段才能使 SCM 成为可能（图 4-9）。

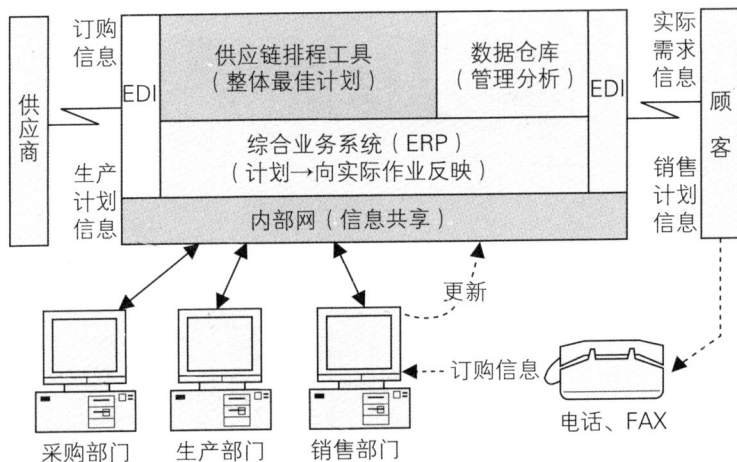

图 4-9 集成系统概略

6 支持 SCM 的信息系统整备状态

(1) 需要考虑的 3 个要点

在构建支持 SCM 的信息系统整体框架时，应该从以下 3 个方面来考虑。

①短时间、低成本导入

虽说在激烈的企业竞争中，SCM 能够在很大程度上左右企业的竞争力，但如果从信息系统的策划到实际运作需要耗时 2 年的话也于事无补。2 年之中无论是宏观环境还是微观环境均有可能发生变化，信息技术彻底改头换面也不无可能。因此，信息系统的导入必须在短时间内完成。

从头开始进行系统研发耗时太长，需要将市面上已有的系统组件（构件、元件）有效地进行组合，迅速搭建起企业信息系统。市面上没有的功能再由企业自身来开发。以迅速导入信息系统为目标，与企业一力承担所有的构建环节相比，这种系统构建方式既快速，又能有效地控制系统构建成本。

②系统组件更换简单

构成支持 SCM 的信息系统的各种组件处于不断进化的状态。如 ERP 系统、供应链排程工具、数据仓库等，无一不是发展迅速，需要时刻关注。也就是说，曾经选择的产品被市场所淘汰，更好的产品相继涌现的例子屡见不鲜。

在这种情况下，在进行系统组件组装时，必须预先制备连接各种组件所用的接口，开发出确保组件能够自由拆卸，开放式且严格标准化的产品。

③能够享受最新的信息技术成果

在当今时代，莫说两年前，哪怕是一年前的信息技术也已经变成旧版本，这意味着企业的信息系统随时面临着过时的风险。经营管理方面同样存在过时的问题。为了降低过时的风险，必须随时导入最新的信息技术和经营管理手段，选择先进的系统组件，搭建起能够长时间使用的基础架构。

（2）多个应用程序的集成

支持 SCM 的信息系统最为合理的结构应该是集成为一个整体系统的多个应用程序组。具体来说，将具备实现 SCM 所需功能的在售系统组件初步组装，再由本公司或系统集成商负责开发组件连接接口和市面产品不具备的功能，最终完成系统构建。

（3）系统的导入方法

另外，在导入支持 SCM 的信息系统时，还需注意以下问题。

一方面，需要再次强调的是，导入支持 SCM 的信息系统时，没有必要将 ERP 作为绝对的前提条件。只要能够保证数据的准确度和一致性，使用既有的信息系统反而更加合理。导入不够完善的 ERP 会耗费相当长的时间，徒增环境变化和系统过时的风险。是否真正需要导入 ERP 的判断愈发重要。

另一方面，构建支持 SCM 的信息系统并非单纯的规模缩减或 ERP 导入计划。其目的在于提高供应链整体的性能，应该从成本、耗时、效果等各方面考虑，以实现性能提升效果最显著的功能为目标。

7 系统构建的 5 个步骤

（1）5 个步骤的切实执行至关重要

构建支持 SCM 的信息系统具体应该采取何种措施呢？笔者将分 5 步依次进行说明。

第一步，必须锁定供应链的范围，并精确把握产品特性。例如，分析多品种少量生产和需求预测是否容易进行等特征。

第二步，根据第一步确定的供应链的范围和产品特性，进行 SCM 方法的制订、问题发生点的分析、改进点的查找、改进效果的分析等。例如，如果产品的需求变动幅度较小，则需要提高需求预测准确度，形成持续供应的结构，确保产品不会出现缺货等情况。这类产品的需求变动不会立刻反映到产品生产环节，因此过于高端的生产计划工具反倒会大材小用。如此，通过供应链范围的确定和产品特性的分析，能够制定出最合理的 SCM 方法。

第三步，仔细发掘实现第二步制定的 SCM 方法所需的功能，并选择相应的最佳系统组件。先从市面上的应用中选择合适的部分，再找出功能上不足的部分。

第四步，基于第三步的查找结果，实际进行应用的导入和自身部分的开发，并对应用程序之间，以及应用程序与其他系统之间的一致性进行整合，运行支持 SCM 的信息系统。

第五步，系统导入后，还需进行持续的性能评估和改善。为了长久维持系统的竞争力，必须不断更新产品，有效实现 SCM，变更优化后的供应链范围。总而言之，即使制定了合理的 SCM 方法，也必须根据策略和市场的变化适时地进行修改，不能一成不变。

切实执行这 5 个步骤，就能够构建出支持 SCM 的最佳信息系统。但是，这 5 个步骤的实行并非易事。5 个步骤如果是以分散的状态各自进行，步骤之间容易产生信息偏差，最终无法构建出有效的信息系统。从第一步到第五步必须环环紧扣，才能实现系统的合理构建。

（2）专业知识与实际成果的积累是当务之急

为了执行这 5 个步骤，还可以借助系统集成商或咨询公司。这里主要列举以下 4 个方面：

①从经营管理策略和改进 SCM 的观点出发，对 SCM 方法的制订和改进效果加以量化显示。

②与实现 SCM 所需的应用程序相关的诸多知识，以及支持程序导入的系统化构想、计划的制订。

③组合应用程序构建起支持 SCM 的信息系统的整合能力。

④对经营管理系统、信息系统进行性能评估、改进咨询，以及时刻引导改革的改革监测、发现课题的能力。

可以预见，将来会有越来越多的日本企业采用 SCM 方法，并据此构建支持 SCM 的信息系统。这些企业与能够贯穿上述 5 个步骤、具有较高附加值的系统集成商/咨询公司等企业的合作也将变得必不可少。

五　SCM 的实现

●为了实现 SCM，必须明确其作为经营管理策略的定位，通过导入 SCM 推进部门等形式，在全公司范围内进行推广。

●为了实现协同合作，各个部门和企业需要建立促进整体优化的结构。

●为了有效地实现 SCM，除大企业外，还应该把中小企业也纳入其中。为此，相关的行政支持必不可少。

●由于 SCM 涉及的相关领域较广，需要从跨学科的广泛视角进行实证研究。

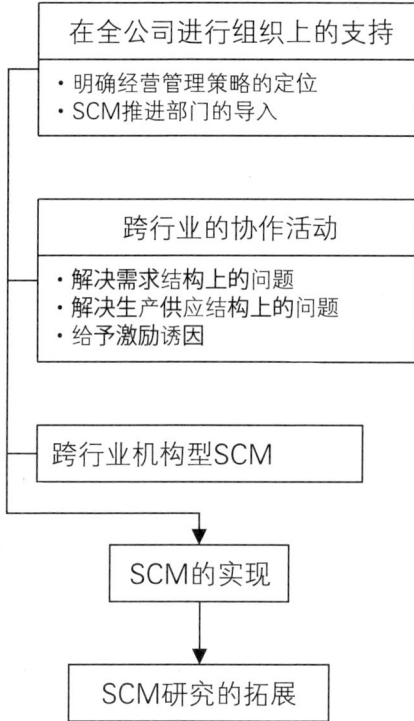

```
┌─────────────────────────────────────┐
│      在全公司进行组织上的支持          │
│  ·明确经营管理策略的定位              │
│  ·SCM推进部门的导入                   │
└─────────────────────────────────────┘

┌─────────────────────────────────────┐
│        跨行业的协作活动               │
│  ·解决需求结构上的问题                │
│  ·解决生产供应结构上的问题            │
│  ·给予激励诱因                        │
└─────────────────────────────────────┘

┌─────────────────────────────────────┐
│  跨行业机构型SCM                      │
└─────────────────────────────────────┘

          ┌──────────────┐
          │  SCM的实现    │
          └──────────────┘

          ┌──────────────┐
          │  SCM研究的拓展 │
          └──────────────┘
```

V SCM 的实现

1　全公司范围内进行组织上的支持

在第四章中，笔者已经对实现供应链经营管理（SCM）所需的最新信息技术动向进行了说明。然而，信息系统不过是工具而已。更重要的是"意识改革"，即打破生产和销售等部门之间的阻隔，从一条"供应之链"的角度来把握企业和产业的关系。

过去的业绩评估标准基本上考虑的是各个部门的优化。在交易形态上，基本上也以考虑到不同行业优化的交易机制为主。因此，为了激励各主体向整体优化转变，必须从供应链整体优化的角度出发，对既有的业绩评估标准和交易机制进行变革。

（1）明确经营管理策略的定位

在部分先进的日本企业内部，经营管理策略的优先级（Priority）正在发生彻底改变。"在企业的经营管理上，与产品策划、开发能力本身相比，SCM 性能的优先级更高"，抱有这种想法的管理者相继涌现。

即使有较好的产品策划和开发能力，如果 SCM 能力过低，潜在的问题也不少。例如：担心分销库存的市场行情突然跌落，在新产品投入上耗时过长；不良库存的处理费用增加；现金流量恶化；无法给出明确的交货日期，导致最佳销售时机的错失；竞争力下降等。

销售高峰过后迅速将商品撤回，判断出畅销商品后立刻加大生产，这种迅速应对的敏捷性正是将商品策划开发能力转变为现金的必备条件。

高层管理人员的这种意识变革是实现以整体优化为目标的 SCM 的关键所在。当然，并非所有的企业管理人员都能迅速迈向意识的革新。为此，需要对"本公司的供应链究竟有多少改进的空间？""通过信息系统投资，能在多大程度上提高供应链的效率？"等问题进行量化把握，并认识到问题的重要性和优先级等。

（2）导入跨部门的 SCM 推进部门

要实现 SCM，需要在明确经营管理优先级的基础上，设立跨部门的战略性组织，即明确定位"供应链管理部"或

"SCM 推进部"的组织支持。

供应链管理部跨越了部门和据点之间的障碍，主要承担发挥供应链整体优化相关的领导力职能。当然，"供应链管理部"或"SCM 推进部"还需进一步加强相关部门间的紧密联系，收集信息，确保 SCM 相关决策的制订和执行。

部分先进企业已经开始构建类似的组织体制。据 1999 年 6 月 11 日的《日本经济新闻》报道，惠普内部已经设置有支持供应链管理部的组织机构。惠普的总部有一支名为"SPaM（Strategic Planning and Modeling[①]）"的队伍，负责供应链流程的重组，实际上承担着司令塔的职能。

业务部门在进行生产、销售体制的重构时，需要负责人与 SPaM 的共同协作，但实际上，先由 SPaM 提出现金流量或 ROA 提升相关的方案，业务部门再从中进行选择的情况更为常见。近年来，这种变革也开始在日本的先进企业中崭露头角。

2　跨行业的协同合作课题

本书第三章第 3 节中，已经对 SCM 中的协同合作的必要

---

① SPaM：战略规划与模式构建。

性及基本思维进行了说明。然而，在实际进行各种协同合作活动时，会遭遇各种各样的悖论（Paradox）。这里将对实际业务上遇到的课题进行阐释。

从结论来看，这些悖论主要源自供应链的整体优化，并非由部门优化的相加而成这一点。打破这一悖论正是 SCM 执行策略的重要课题。

为此，执行策略的重点在于，各个部门和企业必须导入激励供应链整体优化的业绩评估标准和交易结构。

（1）解决需求结构上的问题

①关于应对需求不确定性、市场需求信息失真方面的悖论

面对市场需求的不确定性，协作进行需求预测活动的方式颇为有效，这一点上文已经论述。假设零售商买家已经开发出了准确度极高的需求预测系统，理论上，零售商买家要将该信息提供给服装企业，服装企业根据需求预测信息，应该能够降低商品缺货和不良库存的风险。然而，坦率地说，在进行实际操作时，这样理想的结果往往不容易出现。

造成结果事与愿违的主要原因在于，零售商与服装企业个体的部分优化行动与供应链整体的优化行动不一致。接下来笔者将从两方的立场分别进行具体解说。

②零售商的立场

零售商向服装企业提供需求预测信息时，通常会给服装企业留下有商品相关订购意象的印象，带有一定的承担商品退还责任的风险。从零售商买家的经验来看，即使零售商提供了需求预测信息，迅速确定了商品订购数量，不良库存的发生概率相对提升，但商品的进货价格并不会因此降低。

因此，对于零售商而言，提供需求预测信息的行为缺乏诱因（不能获得益处），通常在最后一刻才将信息传递给服装企业。

③服装企业的立场

而从服装企业的立场来看，零售商提供的信息"不承担任何风险，只是单纯的预测"，并不具备影响生产决策的价值。

因此，即使收到零售商提供的需求预测信息，在多数情况下，服装企业也不会据此更改自己的生产计划。

当前，只有在"零售商承担退货风险的最终订购信息"或"签订商品消化率契约的订购信息"等情况下，零售商提供的信息才会反映到实际的生产计划中。

（2）解决生产供应结构上的问题

上文已经提到，生产供应结构需要向"根据零售商的销售计划制订同步生产计划""结合市场动向，实现灵活变更生产计划的小批量、分阶段生产供应体制"的方向转变。

然而，面对商品的多样化，零售商所追求的优化（多样性的扩大）与生产供应体制所追求的优化（多样性的抑制）以相互矛盾的方向为目标。

另外，在产出时间的缩短上，"小批量化、分阶段生产"的生产体制从供应链整体来看是最合适的，但单独从工厂的角度来看，分阶段生产无疑会导致产量的下降。

为此，QR 的必要性虽然被一再强调，但"小批量化、分阶段生产"的形式缺乏激励诱因，生产供应体制方面容易出现进行大批量生产、持有大量产品库存的问题。因此，有可能出现"QR 库存"的现象。

（3）实现 SCM 高效化的激励因素

如上文所述，为了推进实现供应链整体高效化的协同合作活动，给予各主体进行协同合作活动的激励因素十分重要。

在目前的交易形态下，促进供应链整体高效化的协同合作活动不仅很难产生激励因素，反而容易妨碍激励因素的作用。因此，为了实现协作活动业务的开展，必须进行交易形态的改革。

例如，通过"面对极高的需求不确定性，尽早制订销售策略，在承担风险的情况下，降低商品采购价格的价格设置机制"给予零售商激励因素，并通过"当最终订购数量与计划相去甚远时，灵活更改生产供应体制，成功应对后，强调其附加值的价格设置"向生产供应方提供激励因素。

当然，在这种情况下，双方还需要就价格设置所需的经济效果分析和监测系统进行合议，商讨出双方均能接受的结果。

对于这种向新交易形态转变的根本性改革而言，"提高供应链整体的性能是供应链上各企业的最重要的目标，通过提高供应链整体的性能，各企业才能改善现金流量"这一双赢的（WIN-WIN）哲学原理（原则），以及使其成立的信赖关系必不可少。

美国的食品杂货（Grocery）行业盛行的 ECR① 体系可以看作与零售商进行协同合作活动的成功案例。ECR 的基本原则最终可以归结为以下 5 点。

①从消费者的角度出发，以供应链的整体优化为最大目标。

②高层管理人员充分发挥领导力，进行部门间的调整，脱离个别优化的陷阱。

---

① ECR：Efficient Consumer Response，即有效客户反应。

③业绩评估标准从之前的个别部分优化向整体优化转变。

④提高商品流通效率。

⑤提高信息传递效率。

如上所述，同一条供应链上的企业将对方视为商业伙伴，能够从整体优化的立场来理解实现业务改革所需的基本因素。另外，基于现金流量与整体优化的企业间的交易形态进行再设计也是基本原则。

3　跨行业机构型的 SCM 推进政策

（1）　中小企业信息网络利用相关的支持方式

SCM 的导入目前仍以大企业为中心。不过，为了发挥出 SCM 真正的效果，需要将包括中小企业在内的所有交易企业纳入信息化的圈子中。为了让实际无法进行过多系统投资的中小企业加入其中，行政方面的支持不可或缺。

澳大利亚的 Tradegate ECA 便是官方与民间联合，向包括中小企业在内的企业活动提供信息化导入支持的成功尝试。

Tradegate ECA 于 1989 年成立，是由政府、海关机构和数十个行业团体共同组成的非营利性组织。加入 Tradegate ECA

的企业数量在 1998 年 6 月达到了 900 家（其中约有 50 家公共机构加入），连接的网站数量大约为 2400 个（公共机构网站数量约为 40 个）。

Tradegate ECA 的主要功能和业务可以归纳为以下 3 个方面。

①提供开放无缝的网络环境

AT&T、GEIS 等 VAN 供应商与 Tradegate ECA 相连接。

通过 Tradegate ECA 持有的交换功能，实现了 VAN 之间的信息交换。所有网络均具备兼容性，用户可以不受 VAN 供应商的制约自由使用网络。

现在，中小企业利用"计算机+调制解调器"就能轻松联网，以互联网为基础的网络环境超越了 VAN 网络，不断向前发展。

②EDI 信息交换业务流程的标准化

海关等政府机构、网络供应商、加入的企业组织等在导入使用 EDI/EC 的网络时，Tradegate ECA 会进行相应的调整。

③EDI/EC 导入的启蒙活动与对软件规格开发的支持

在导入以中小企业为中心的网络、应用软件时，Tradegate ECA 会提供相关的支持。例如举办技术研讨会，提供 EDI 导入相关的咨询服务，进行应用程序供应商的培训、支持，确保使用 EDI 所需的网络，合作购进软件等。

其中有 2 点尤为值得关注。

（a）通过制订先进的业务标准，确定并统一所需软件应用的规格，提高软件开发的生产率，开发出价格更低廉的应用程序。这与东京大学儿玉文雄教授所提倡的需求表现（Demand Articulation）的概念十分相似。

美国逐渐兴起的 CALS（Commerce At Light Speed：光速商务，生产、调度、应用支持综合信息系统）和 ITS（Intelligent Transport System：智能交通信息系统）等概念，其目的在于"构建软件规格和商业模式标准，开发出更先进的应用程序"。软件产业可谓是国防产业的代名词，为了促进国防产业部门的软件人才向民间业务部门所需的应用程序开发的方向转变，必须在对业务标准、IT 标准进行探讨的同时，明确待开发软件的规格。

另外，还可以选择直接在政策上支持应用软件的开发，但这种方式无法确保能够持续性导入技术革新的成果。如果要持续性地导入技术革新的成果，关键在于构建应用程序供应商之间的竞争环境。因此需要制订开放式标准。通过这种方式，风险企业也能加入市场，产业结构进一步得到完善。

在应用软件开发上，准确确定市场预估的应用程序规格十分重要。通过确定软件规格，并制订开放式标准，在应用程序供应商之间的相互竞争下，应用程序的开发环境得到改善，能够持续性地导入技术革新成果。另外，作为启蒙活动的一环，如果能探查深度用户需求，开发出新的规格，就能形成持续革新的结构。

关于这一步的实现，国外的案例中多以用户兼民间行业团体为主，日本则要期待以通产省或运输省为中心的中央机构的领导力。

（b）增加团体参与数量的推广活动。

当参与企业、团体的数量超过临界数量（Critical Mass）时，标准化系统才能充分发挥出效果。在导入成本效益难以为大众所理解的部分，例如以 EDI 为中心的信息化或行业整体的供应链改革等，必须积极开展相关推广活动。

（2） 限时导入信息化投资的加速折旧政策

日本目前面临结构问题所导致的经济低迷问题。出现这种情况的背景除了各种构造方面的问题外，此前向美国扩大出口的经济复苏模式已经指望不上也是原因之一。公共投资的扩大已经到达极限，消费扩大也十分困难。因此，除了企业的设备投资外，需求扩大的可能性很小。部分企业存在生产设备过度投资的问题，日本制造业、流通业信息系统的过时问题更加显著。此外，关键的系统化投资思考停滞，陷入了毫无根据的"销售额百分之几综合征"中。

不过，包括利用方法在内，近年来的信息系统革新有了一定的发展。从 SCM 的观点来看，信息系统或网络的投资绩效十分可观。

出于上述原因，笔者认为可以限时采用 20 世纪 80 年代前半期美国实施的需求扩大政策，即加速折旧政策（缩短企业设备投资折旧时间的减税政策）。在当前的日本，"以信息系统、网络为中心的设备投资加速折旧"是唯一能够实际发挥作用，同时实现产业结构提升和经济复苏的政策。

另外，在强调"废弃过剩设备"的同时促进设备投资，从宏观经济学的角度或许很难理解。不过，新设备的投资并非为了扩大生产能力，而是为了提高现金流量效率，理论上不属于"过剩"的范畴。

4　今后 SCM 研究的推广

SCM 的兴起发生在多种多样的革新同时进行的背景下。

根据斯坦福大学 Wan 教授的分析，其中至少包含 7 个关键因素，成功案例通常是这些因素的重合。

①SCM 相关信息系统的兴起（尤其是 ERP、APS、EC/EDI、网关服务器等业务应用程序或标准）。

②全球化资源利用。

③从 SCM 角度出发的产品设计。

④流程重组。

⑤组织间的伙伴关系。

⑥供应链的重建。

⑦新商业的开创。

这些因素分别有机地连接在一起。如此看来，要实现 SCM，仅仅导入 TOC（制约条件理论）、ERP 等是远远不够的。

SCM 相关的各类有关革新的研究课题可谓不胜枚举，如价值链、博弈论、金融工程、生产管理、市场营销、消费者行为、仿真技术、标准化等。因此，拘泥于某个研究领域的狭隘视野无异于一叶障目，跨学科的实证研究不可或缺。SCM 的研究领域在未来还将进一步扩大。

SCM 真正称得上是值得期待的"研究课题宝库"。

东方出版社助力中国制造业升级

定价: 28.00 元

定价: 32.00 元

定价: 32.00 元

定价: 32.00 元

定价: 32.00 元

定价: 32.00 元

定价: 30.00 元

定价: 30.00 元

定价: 32.00 元

定价: 28.00 元

定价: 28.00 元

定价: 36.00 元

定价: 30.00 元

定价: 32.00 元

定价: 32.00 元

定价: 32.00 元

定价: 38.00 元

定价: 26.00 元

定价: 36.00 元

定价: 22.00 元

定价：32.00 元

定价：36.00 元

定价：36.00 元

定价：36.00 元

定价：38.00 元

定价：28.00 元

定价：38.00 元

定价：36.00 元

定价：38.00 元

定价：36.00 元

定价: 36.00元

定价: 46.00元

定价: 38.00元

定价: 42.00元

定价: 49.80元

定价: 38.00元

定价: 38.00元

定价: 38.00元

定价: 45.00元

定价: 52.00元

定价: 42.00 元

定价: 42.00 元

定价: 48.00 元

定价: 58.00 元

定价: 48.00 元

定价: 58.00 元